# TRONIS REISE INS INTERNET

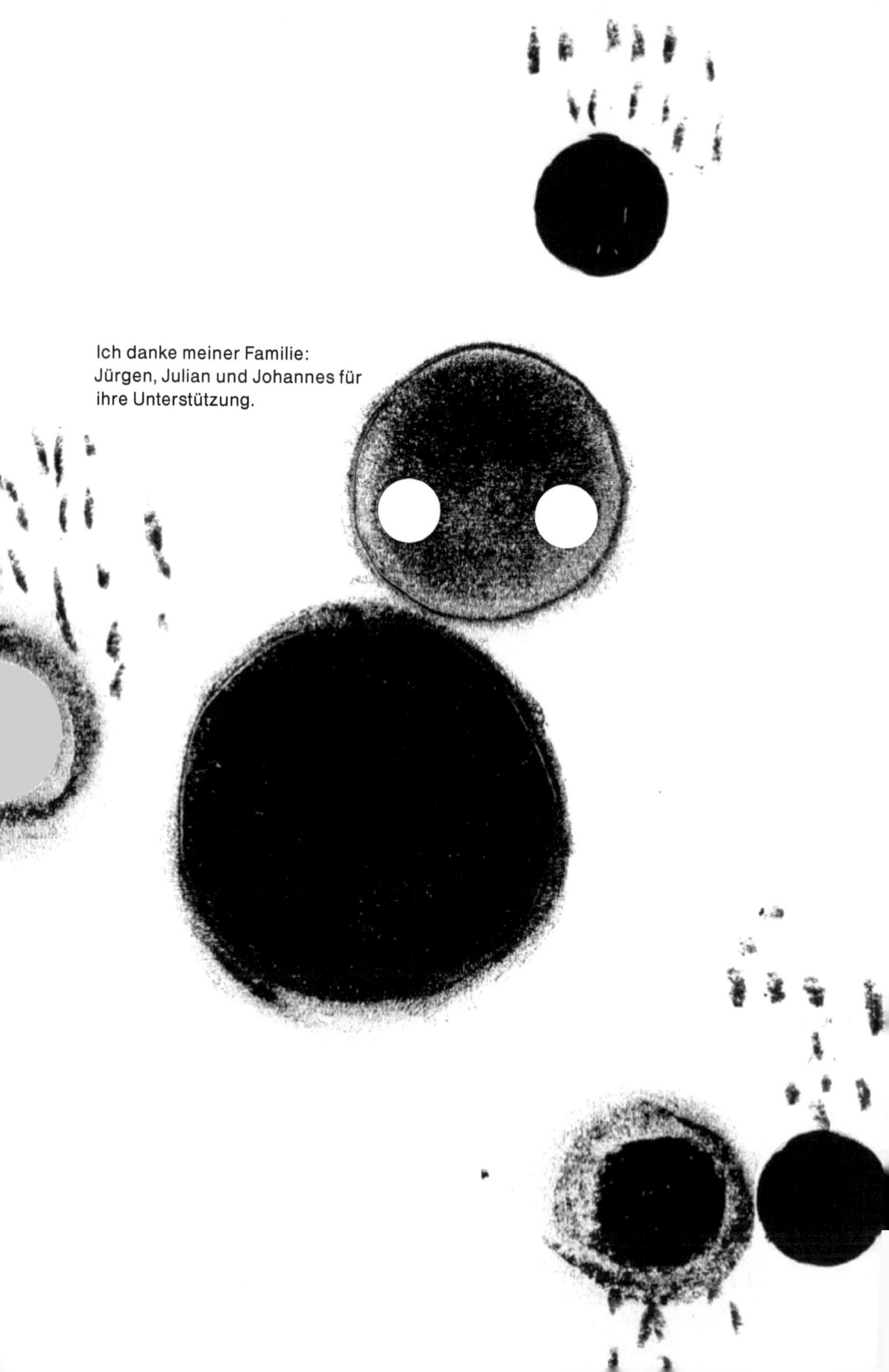

Ich danke meiner Familie:
Jürgen, Julian und Johannes für
ihre Unterstützung.

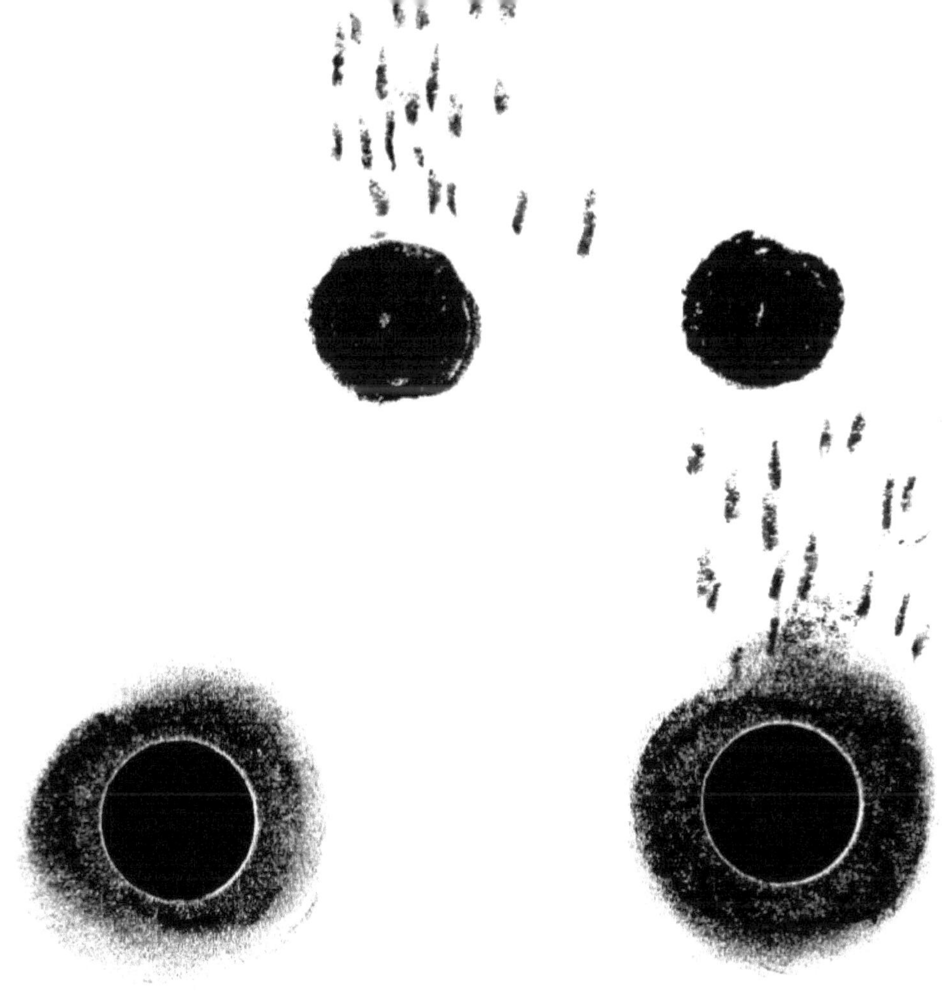

Kirsten Dorn

# TRONIS REISE INS INTERNET

Mit Bildern von Katja Schwalenberg

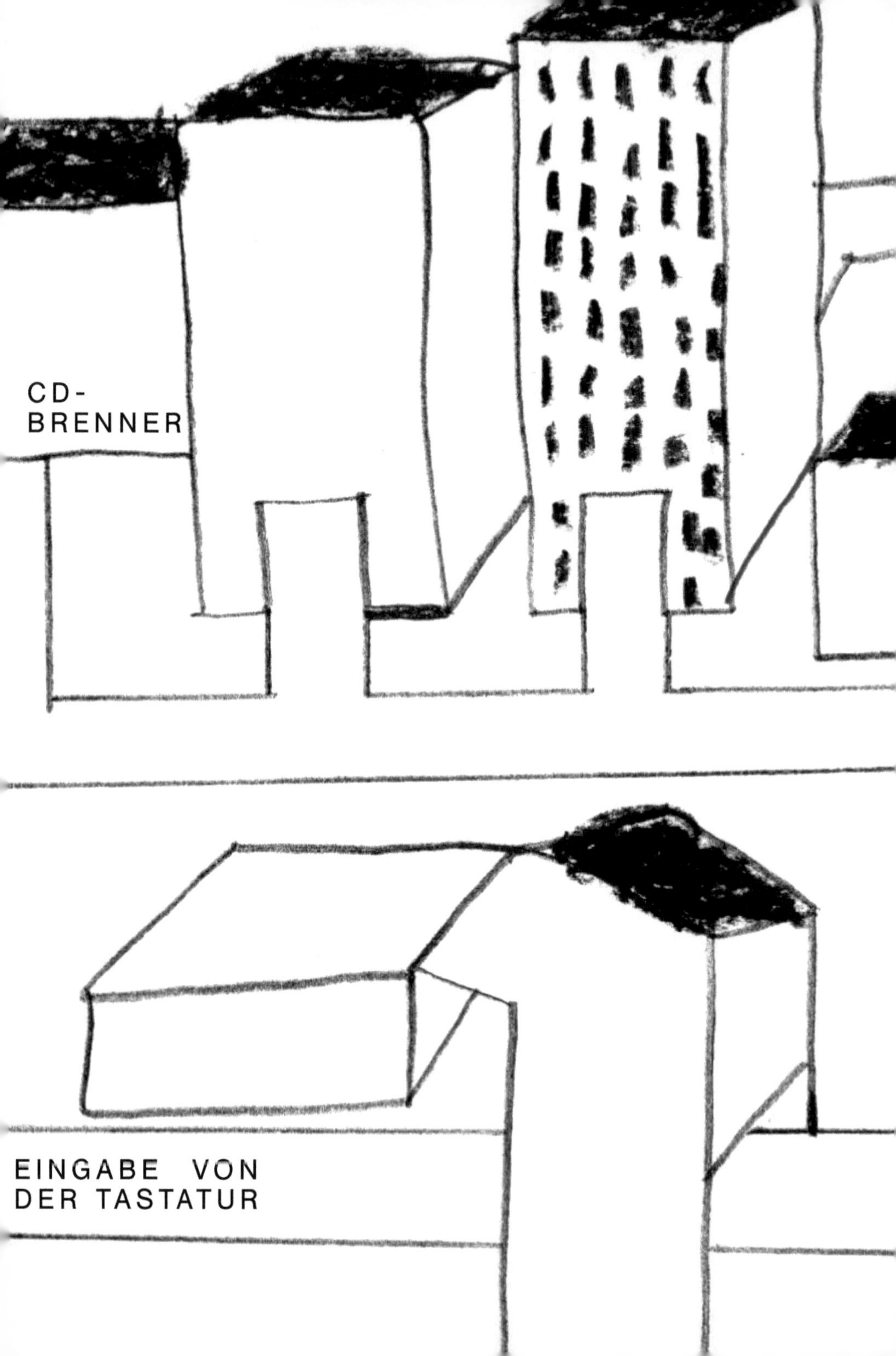
CD-
BRENNER
EINGABE VON
DER TASTATUR

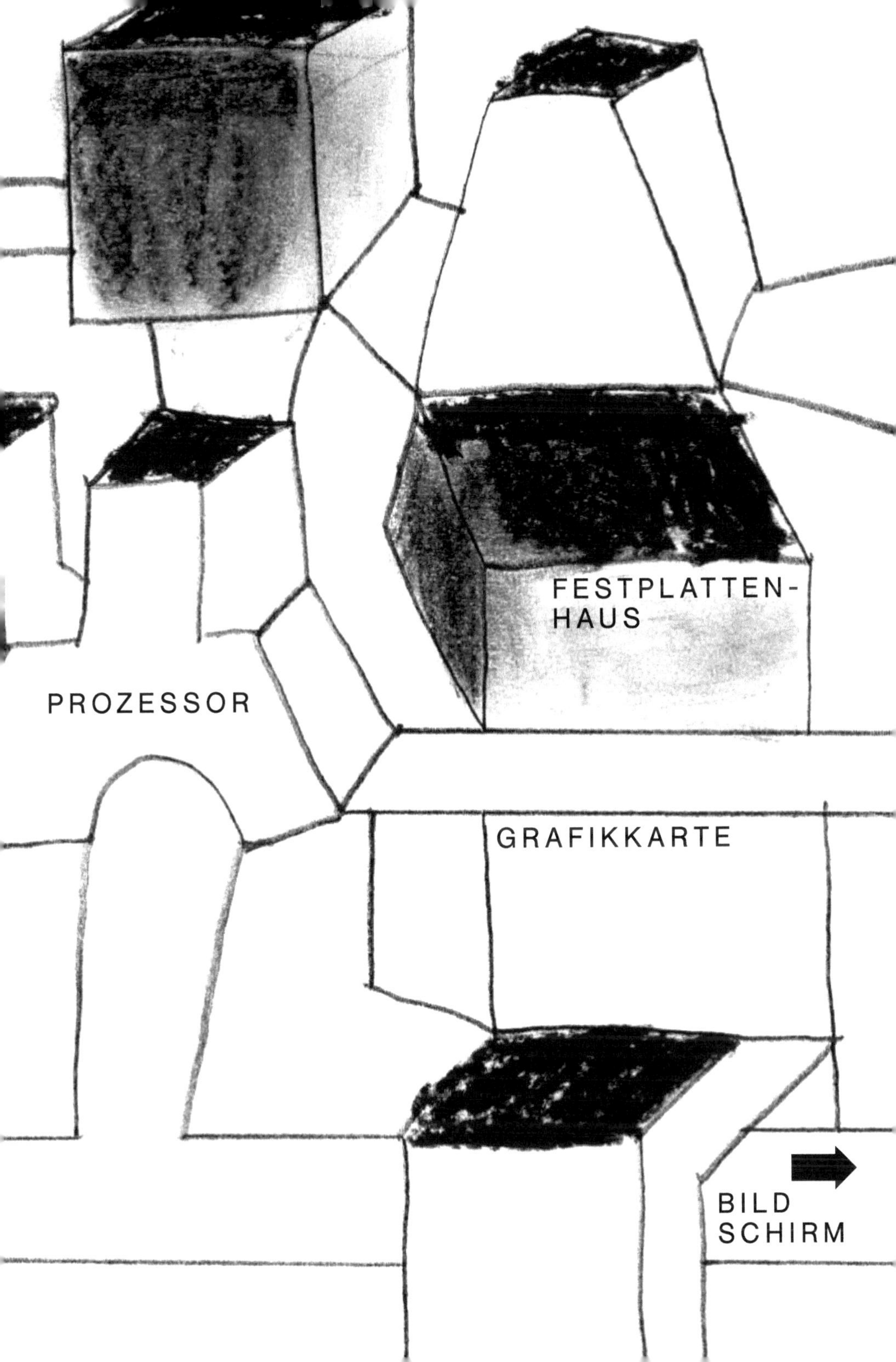
FESTPLATTEN-
HAUS
PROZESSOR
GRAFIKKARTE
BILD
SCHIRM

# DIE DREI WÜNSCHE

Eines Nachts schreckt Troni aus dem Schlaf. Ein seltsames Poltern ist zu hören, und es ist taghell im Zimmer. Troni setzt sich verwundert hin, steht auf und geht zum Fenster. Sein Blick schweift über die großen und kleinen Häuser. Plötzlich stutzt es und glaubt seinen Augen kaum zu trauen: Gegenüber steht ein neues Haus! Es glänzt und schillert silbern. Unmittelbar an der Stadtmauer steht das Haus, so als würde es zu ihr gehören. Gestern war es noch nicht da. Das weiß Troni genau.
Troni ist ein Elektronen-Kind. Es ähnelt einer Kugel mit Armen, Beinen und natürlich einem Kopf. Das kleine Elektron lebt im Computer und geht dort in die Schule.
Für Troni ist der Computer eine Stadt voller Unruhe und Hektik. Ohne die Elektronen könnte der Computer nicht funktionieren. Solange er angeschaltet ist, ist es hell im Computer, und alle erwachsenen Elektronen haben unentwegt zu tun.
Darum ist es in der Computer-Stadt notwendig, dass die Elektronen-Kinder in der Schule betreut und versorgt werden. Dort schlafen sie auch. Die Schule ist ihr Zuhause. Sie steht am Rande des Wohngebietes, in dem alle Elektronen übernachten, wenn der Computer ausgeschaltet ist.
Mit einem Mal wird es wieder dunkel und still. Troni ist neugierig geworden und denkt nach: Der Versuch, seine Kameraden zu wecken, erscheint zwecklos. Normalerweise schlafen die Elektronen, wenn der Computer ausgeschaltet ist, tief und fest.

Nichts kann sie wecken. Nur Troni wird in letzter Zeit manchmal wach. Es überlegt: ‹Ob ich allein hinüber zum geheimnisvollen Haus gehe? Ein bisschen unheimlich ist mir das allerdings.› Schließlich siegt seine Neugier über die Angst: ‹Ach was, ich wage es!›

Troni setzt sein Basecap auf. Wie immer dreht es die Kappe verkehrt herum, sodass das Schild nach hinten zeigt und den Nacken bedeckt. Dann geht es hinüber zum neuen Haus. Behutsam und nur ein wenig öffnet Troni die Haustür. Es lugt durch den Türspalt. Drinnen ist es dunkel. Zaghaft ruft das kleine Elektron: «Hallo?» Ein leiser Echoklang hallt wider. Dann ist alles still. Niemand meldet sich.

Troni drückt die Tür noch mehr auf, so weit, dass es auf die Schwelle treten kann. Jetzt nützt es Troni, dass es wie alle Elektronen von gezackten Lichtblitzen umgeben ist. Kleine helle Strahlen kommen aus Troni heraus und umgeben es mit einem flimmernden Licht. Mit diesem, seinem eigenen Leuchten kann es ein Stück ins Haus hineinblicken.

Das ganze Haus scheint nur aus einem einzigen Raum zu bestehen. Weit kann Troni nicht sehen. Überall stehen Regale. ‹Nein, hier gehe ich nicht weiter›, beschließt es. ‹Jetzt wird es mir zu gruselig. Ich will lieber abwarten, bis es hell ist und der Trubel in der Stadt erwacht. Dann komme ich noch mal.›

Zurück in seinem Zimmer versucht Troni einzuschlafen. Aber es will ihm nicht gelingen. Wie immer, wenn es nicht schlafen kann, hängt es seinen Gedanken nach. Diesmal denkt es an seine drei Wünsche:

Troni möchte schnell wie die erwachsenen Elektronen werden und die Geschehnisse in den Betrieben der Computer-Stadt ergründen. Troni kennt schon die Namen der wichtigsten Betriebe: FESTPLATTE, PROZESSOR und SPEICHER.
Troni weiß, dass sie notwendig sind, damit der Computer die vielen Aufgaben leisten kann, die von ihm tagtäglich erwartet werden: rechnen, schreiben, zeichnen, sich unzählige Dinge merken, Spiele vorführen. Und wie gerne würde es mithelfen, damit das alles geschehen kann.
Der zweite Wunsch ist eher ein kleiner. Manchmal wünscht sich Troni insgeheim: Es möchte nicht mehr so schüchtern sein.
Das kleine Elektron getraut sich nur selten zu widersprechen. Zwar ist Troni bei seinen Schulkameraden beliebt, denn nie kommt ein böses Wort über seine Lippen. Trotzdem ist Troni mitunter unzufrieden mit sich, wenn es nicht wagt, seine Meinung zu sagen. Dann ärgert es sich über sich selbst.
Sein dritter Wunsch ist ein Traum, so fern scheint seine Erfüllung: Troni möchte einmal die weite Welt der Elektronen kennen lernen. Manchmal überlegt es sich: ‹Wie es wohl hinter der metallisch glänzenden Stadtmauer aussehen mag? Gibt es dort genau solche Städte wie unsere? Und was für Elektronen wohnen in ihnen?›
Bis jetzt weiß es nur, dass die Welt draußen Internet heißt. Wie es dorthin gelangen kann, das konnte ihm bisher niemand erklären.

1
2
3

NEU

## DER GEHEIMNISVOLLE GANG

Schließlich schläft Troni ein, allerdings nicht so fest wie sonst. Deshalb ist es bald wieder wach, früher als gewöhnlich. Es ist bereits hell. So kann Troni vor dem Unterricht noch mal hinüber zu jenem seltsamen Haus eilen.

Vorsichtig tritt es ein. Jetzt sieht es, dass hier nicht nur Regale stehen. In einer Ecke erblickt Troni einen wuchtigen Schrank. Er ist hellbraun und hat zwei Türen, die zusammen ein kleines Tor bilden.

Neugierig geht Troni näher. Dabei erkennt es: ‹Dort steckt sogar ein Schlüssel!› Es versucht, daran zu drehen. Tatsächlich lässt sich der Schlüssel bewegen und Troni öffnet eine Schranktür. Das kleine Elektron erschrickt und weicht einen Schritt zurück. Denn aus dem Schrank dringt ein bläuliches Glitzern und Blinken. Troni reißt seine Hand schützend vor die Augen und blinzelt zwischen den Fingern hindurch.

Nach und nach gewöhnt es sich an das Funkeln — und entdeckt an der Rückwand ein Loch. ‹Was gibt es dort wohl zu sehen?›, fragt sich Troni. Behutsam steigt es in den Schrank und späht durch das Guckloch. Hinter dem Schrank erkennt es einen im Halbdunkel liegenden Gang! Troni wird noch aufgeregter, als es ohnehin ist: ‹Das will ich näher erkunden!›, denkt es. ‹Wie kann ich nur den schweren Schrank wegrücken?›

Mit seinem runden Bäuchlein, den Armen und Beinen drückt es gegen den großen Schrank. Sosehr es auch schiebt, er ist

zu schwer. ‹Ich muss Hilfe holen›, überlegt Troni. ‹Wer könnte mir helfen?›
Wie immer, wenn Troni aufgeregt ist, spielt es mit den Fingern an seinem breiten, grünen Streifen. Dieser verläuft, wie bei den anderen Elektronen, quer über den Bauch.
Dabei kommt Troni eine Idee: ‹Ich werde Mukki fragen.› Mukki ist das stärkste Elektron in der Stadt und schon erwachsen. Erst letzte Woche hat es den Wettkampf «Stärkstes Elektron» gewonnen. Und Mukki hat nicht nur viel Kraft, sondern ist auch der beste Freund vom Lehrer-Elektron Striezi, das mit im Schulhaus wohnt. Darum konnte Troni so manches Mal beobachten, wie Mukki das Lehrer-Elektron in der Schule besuchte.
Troni beschließt, dort nach Mukki zu fragen. Es rennt zum Schulhaus. Direkt vor der Eingangstür erlebt es eine Überraschung. Da steht Mukki, als hätte es geahnt, dass es gebraucht wird.
«Mukki, stell dir vor: Ich habe ein neues Haus entdeckt», sprudelt es aus Troni heraus. «Es glänzt silbern. Und innen drin gibt es einen geheimnisvollen Gang! Davor steht ein riesiger Schrank. Du musst mir helfen, ihn wegzurücken.»
«Nanu», entgegnet Mukki erstaunt. «Davon weiß ich gar nichts.»
«Ich war bisher als einziges Elektron dort», antwortet Troni.
Mukki ist einerseits misstrauisch. Andererseits hält es sich für sehr wichtig. Überall will es dabei sein. So kann es jetzt nicht widerstehen und folgt Troni. Am Ziel angelangt, staunt Mukki: «Das ist Wahnsinn!» Sofort ist Mukkis Entdeckergeist geweckt, und es möchte den verstellten Gang erkunden. Mukki stemmt seinen runden Körper gegen den Schrank. Das schwere Mo-

biliar ruckt ein wenig und bleibt dennoch an der alten Stelle stehen. «Uff!», stöhnt Mukki. «Der ist schwerer, als ich dachte.» Troni schlägt vor: «Versuch es noch mal, und diesmal helfe ich mit.»
«Du Fliegengewicht?», antwortet Mukki ungläubig und mustert Troni von oben bis unten. «Na gut, probieren wir es», setzt es gönnerhaft hinzu.
«Hau ruck!» — Mukki versucht es noch einmal. Diesmal springt Troni hinzu und drückt ebenfalls. Der Schrank ruckt abermals — und lässt sich nun Stück für Stück schieben, so weit, bis der Geheimgang frei ist. «Juchhu, wir haben es geschafft!», jubeln Troni und Mukki.
Neugierig schauen sie in den Gang hinein. «Sieh, da ist eine große Lampe.» Mit diesen Worten rennt Troni dorthin und stellt kurz darauf fest: «Schade, ich entdecke nichts, womit wir die Lampe einschalten können.» Sogleich setzt es hoffnungsvoll fort: «Hier ist ein Tastenfeld mit einem kleinen Schlitz darunter.» Sofort tippt Troni wie wild auf die Tastatur. Das bringt jedoch kein Licht ins Dunkel. Der Gang liegt unverändert im Dämmerschein.
Troni und Mukki beschließen, nebeneinander Schritt für Schritt hineinzugehen. Ihr eigenes Lichtflimmern beleuchtet den Weg. Gespannt sehen sie sich um. Plötzlich ruft Mukki: «Sieh, Troni, an der Wand sind ganz viele Lampen!» Mukki bleibt stehen und betastet sie: «Irgendwo muss ein Schalter sein», überlegt es laut. Nach einer Weile meint Mukki enttäuscht: «Schade, ich finde nichts.»

So gehen sie weiter. Bald stoßen sie auf eine Wand. Der Gang ist zu Ende. Troni klopft gegen die Mauer: «Vielleicht gibt es ja einen lockeren Stein oder einen anderen Trick, um die Wand zu öffnen!» Aber sie haben kein Glück und bemerken nichts dergleichen. Das Aufregendste an dem Gang bleibt die geheimnisvolle Tastatur mit dem Schlitz darunter.

Mittlerweile entdecken auch andere Elektronen das neue Haus. Im Nu spricht sich die Neuigkeit in der Computer-Stadt herum. Unzählige Elektronen versuchen, das Geheimnis der Lampen und der Tastatur zu entschlüsseln. Keinem gelingt es. Nur eines vermuten alle: Eine geheime Tastenkombination muss eingegeben werden. Wie lautet diese? Und was bewirkt sie?

## DER TEST

Und noch ein weiteres Ereignis zieht Tronis Entdeckung nach sich. Die Elektronen-Kinder und das Lehrer-Elektron Striezi sind so aufgeregt von dem unerwarteten Ereignis, dass an diesem Tag die Schule später beginnt.

Und die Neuigkeiten nehmen kein Ende. Das Lehrer-Elektron gibt in der letzten Unterrichtsstunde eine Überraschung bekannt: «Liebe Kinder, heute ist ein besonderer Tag. Ihr habt nun viele Grundlagen über unsere Computer-Stadt gelernt. Jetzt werde ich euch erklären, was in den Betrieben der Stadt passiert. Vorher lasst mich noch einmal zusammenfassen: Unsere Aufgabe besteht darin, Pakete mit Nachrichten herzustellen und zu transportieren. Die Kurier-Elektronen bringen die Päckchen von Betrieb zu Betrieb. Dort werden sie mit weiteren Nachrichten versehen und neu verpackt.

Zum Schluss enthält ein Nachrichtenpaket alle Informationen, damit ein Rechenergebnis, ein Bild, eine Tabelle oder ein Text auf dem Bildschirm dargestellt werden kann.

Unser neues Thema ‹Die Betriebe der Computer-Stadt› wird viele Unterrichtsstunden in Anspruch nehmen. Und ein Elektronen-Kind wird das, was ich euch im Unterricht erzählen werde, sogar in einem Praktikum einige Wochen selbst kennen lernen. Es darf den erwachsenen Elektronen bei ihrer täglichen Arbeit helfen. Zum Abschluss wird es uns dann von seinen Erlebnissen und Erkenntnissen berichten. Das kann natürlich nur das beste Schüler-Elektron tun.»

Striezi schaut mit bedeutungsvoller Miene in die Runde. Troni kann die Antwort kaum erwarten. Genau das ist es ja, was es sich so sehr gewünscht hatte. Endlich verkündet Striezi: «Das ist Troni!» Juchhu, Troni möchte am liebsten laut jubeln.
Da meldet sich Boni zu Wort. Boni trägt einen roten Streifen auf dem Bauch und ist das Gegenteil von Troni. Boni tritt immer selbstbewusst für seine Interessen ein und geht dem Streit nicht aus dem Weg. Weil Troni so sehr die Harmonie liebt, ist ihm das vollkommen unverständlich.
Jetzt sagt Boni unverblümt: «Ich wüsste jemanden, der genauso gut für die Arbeit im Betrieb geeignet ist.»
Striezi horcht verwundert und interessiert auf: «An wen dachtest du denn?»
Boni setzt sich aufrecht hin und verkündet: «Das bin ich!»
«Du übertreibst», erwidert Striezi. «Troni hat bessere Zensuren als du.»
«Das kommt daher», kontert Boni, «weil mir gerade an den Tagen, als wir die Arbeiten schrieben, nicht gut war. Einmal tat mir der Bauch weh, ein anderes Mal hatte ich in der Nacht vorher kaum geschlafen und Tage vorher hatte ich Ohrenschmerzen. In Wirklichkeit lerne ich genauso gut wie Troni.» Seine Rede unterstützt Boni mit heftigen Armbewegungen.
Troni hat das Gespräch aufmerksam, um nicht zu sagen angstvoll, verfolgt. Es war doch fast am Ziel seines Traumes! Da spürt es, wie Striezi es auffordernd anschaut. Die Sekunden vergehen. In Tronis Kopf kreisen die Gedanken. Dennoch entgegnet es nichts.

Dann ertönt die Stimme von Striezi: «Gut, Boni, wenn du deiner Sache so sicher bist, stell dein Können unter Beweis. Ihr beide, Troni und du, bleibt nach dem Unterricht da und schreibt einen Test. Wir werden sehen, wer von euch beiden der Bessere ist.»

Troni ist das gar nicht recht. Vom zeitigen Aufstehen und der Aufregung am Vormittag ist es müde geworden. Aber es wagt nicht, darauf hinzuweisen und um eine Verschiebung des Tests zu bitten.

So ist Troni heilfroh, als es alle Aufgaben gelöst hat und seinen Zettel abgeben kann. Im selben Moment erhebt sich Boni von seiner Bank. «In der Schnelligkeit wart ihr gleich», stellt Striezi fest. «Nun wollen wir sehen, wer die wenigsten Fehler hat. Ihr könnt so lange warten, bis ich zu Ende korrigiert habe.»

Das allerdings dauert und dauert. Troni kommt es gar so vor, als ob Striezi die Arbeiten nicht nur einmal prüft. Das hat seinen Grund. Denn Striezi verkündet: «Ihr habt dieselbe Punktzahl.» Troni ist erschrocken. Nach einer kurzen Pause spricht Striezi weiter: «Ich habe mir überlegt, ihr habt euch beide eine Anerkennung verdient. Ihr zwei werdet gemeinsam eingesetzt, Troni als Kurier und Boni im PROZESSOR.»

Troni ist erleichtert. Es hatte nicht mehr geglaubt, dass alles gut enden würde. «Nun ab mit euch», sagt das Lehrer-Elektron. «Für heute war es aufregend genug. Kommt morgen Früh zu mir. Dann bringe ich dich, Boni, zu den Elektronen, die im PROZESSOR arbeiten und dich, Troni, zu den Kurier-Elektronen.»

ICH

BEIDE!

JUCH
HUU!

# DAS RÄTSEL DES GANGES WIRD GELÖST

Nun, da Troni die vergangenen Aufregungen überstanden hat, freut es sich, dass sein erster Wunsch tatsächlich und so unverhofft in Erfüllung geht.
Seine Arbeit als Kurier ist aufregend. Denn die Kurier-Elektronen laufen nicht wie die anderen Elektronen durch die Stadt. Auf diese Weise würde es zu lange dauern, bis ein Nachrichtenpaket von einem Betrieb zum anderen gebracht ist. Stattdessen schwirren sie einige Zentimeter über den Straßen dahin. Dabei stehen sie auf einem schwebenden Brett.
Weil es so schnell fliegen kann, heißt es Flitzbrett. Es ist länglich geformt. Seine Enden sind lustig nach oben gebogen. Die Füße der Elektronen sowie ein Paket haben bequem darauf Platz. Anfangs stellt sich Troni bei einem Kurier-Elektron mit aufs Brett und bringt mit ihm die Päckchen von Betrieb zu Betrieb.
Am dritten Tag darf Troni allein fliegen. Dazu bekommt es ein eigenes Flitzbrett, das mit zwei Pedalen ausgestattet ist. Mit einem kann Troni bremsen, mit dem anderen beschleunigen. Und mit grün leuchtender Schrift ist «Troni» auf das Brett geschrieben. So manches Mal fällt das kleine Elektron beim Üben unsanft auf den Boden. Aber schon bald hat es den Bogen raus, wie das Flitzbrett zu steuern ist.
Allmählich lernt Troni alle Betriebe der Computer-Stadt kennen und erfährt, dass die Elektronen in jedem Betrieb etwas

Besonderes können müssen. Im PROZESSOR müssen sie gut rechnen können, wer im SPEICHER arbeitet, sollte sehr ordentlich sein. Wer flink ist, arbeitet als Kurier zwischen den Betrieben und überbringt Informationen, die dort verarbeitet werden sollen.

Eines Tages liefert Troni im SPEICHER, wo auch Mukki arbeitet, ein Nachrichtenpaket ab. Der SPEICHER ist ein flaches, lang gestrecktes Gebäude. Er hat nur wenige Fenster, dafür umso mehr Türen. Hier werden die Nachrichtenpakete entgegengenommen und ausgegeben. Im Inneren gibt es viele Regale, auf denen Bücher, Päckchen und Hefte liegen, in denen wiederum unzählige Nachrichten gespeichert sind. Die Regale und sogar deren Fächer sind mit Zahlen beschriftet. So können die Speicher-Elektronen das Gesuchte schnell finden.

Als Mukki Troni sieht, winkt es und eilt ihm entgegen: «Gib dein Päckchen her. Ich habe ein neues für dich.» Mukki gibt Troni einen dicken Briefumschlag. Er glitzert und schillert blau. Fasziniert dreht ihn Troni hin und her. Dabei liest es die Aufschrift: «IP-Adresse 172.31.1.2.»

Troni wundert sich: ‹Was soll das sein? Sonst steht auf den Nachrichten: FESTPLATTE, Sektor 28 oder SPEICHER, Zelle 301 oder Ähnliches.› Solch eine verworrene Anschrift ist ihm noch nicht begegnet. Kopfschüttelnd geht Troni hinaus. Und noch etwas macht Troni stutzig: ‹Woher kenne ich nur dieses Glitzern?›

Auf einmal fällt es ihm ein: ‹Natürlich, das ist es! Der Umschlag schillert genauso blau wie das Innere des Schrankes im neuen Haus. Vielleicht sind die Zahlen sogar der lang gesuchte Code!› Geschwind hüpft Troni auf sein Flitzbrett und schwirrt zum Geheimgang im neuen Haus. Es tippt die Nummer der Adresse auf die Tastatur. Gespannt wartet Troni, was geschehen wird. — Seltsam, nichts passiert.

Plötzlich wird Troni von hinten angestupst. Erschrocken fährt es herum. Vor ihm steht Mukki. «Puh, jetzt habe ich mich erschrocken», sagt Troni. «Was machst du hier?»

«Nun, ich habe die eigenartige Adresse auf dem Briefumschlag gelesen», antwortet Mukki. «Da dachte ich mir: ‹Willst mal sehen, wo das kleine Troni ihn hinbringt. Dieses kleine Kerlchen hat schließlich das neue Haus entdeckt. Vielleicht weiß es ja, wo die ungewöhnliche Adresse zu finden ist.› So habe ich mir ein Flitzbrett geborgt, um dich nicht aus den Augen zu verlieren. Zeig mal her. Vielleicht hast du dich vertippt.»

Mit diesen Worten reißt Mukki an dem Umschlag. Troni versucht ihn festhalten, jedoch es ist nicht stark genug. Im nächsten Moment ertönt ein Klappern. Etwas ist aus dem Brief zu Boden gefallen. Geschwind bückt sich Mukki — und hebt eine Chipkarte auf.

Die zwei Elektronen schauen sich den Fund an. «Ich hab's», ruft Troni. «Die Karte gehört in den Schlitz unter der Tastatur.» Mukki steckt die Chipkarte hinein und tippt den Code vom Umschlag ab. ‹Wie schade›, denkt Troni. ‹Ich hätte die Karte gern selbst ausprobiert.›

Kaum hat Troni zu Ende gedacht, leuchten die Lampen auf. Lichtblitze durchzucken die Luft, sausen bis zum Ende des

Ganges. Und plötzlich erscheint der Gang unendlich lang. Jetzt ist alles hell. Am Horizont schimmern ein paar Häuser. «Das ist er, der Weg ins Internet», flüstert Troni. Die zwei Elektronen stehen staunend da.
Sogleich erinnert sich Mukki an das Päckchen, flitzt in den Gang hinein und ruft: «Bis bald!» Kaum ist Mukki an den ersten Lampen vorbeigeeilt, erlöschen sie, und kurz darauf ist alles wie vorher. Der Gang ist kurz und leer. Troni ist sehr enttäuscht. Sein einziger Trost ist, dass es als Kurier arbeitet. Vielleicht kommt nochmals ein solcher Auftrag und es hat Glück und darf ihn übernehmen. Vorerst bleibt Troni nichts anderes übrig, als auf Mukkis Rückkehr zu warten, um zu erfahren, wie es im Internet zugeht.

7 8 9
4 5 6
1 2 3

Bis dahin geht Troni seiner Arbeit nach und saust mit seinem Flitzbrett durch die rotbraun glänzenden Straßen von Betrieb zu Betrieb. Es freut sich jeden Tag darauf. Lediglich das PROZESSOR-Haus betritt Troni mit gemischten Gefühlen. Und das liegt nicht an dem Gebäude selbst.

Das PROZESSOR-Haus ist eines der größten in der Stadt. Es ist sehr hoch und breit und hat viele Fenster. Dadurch sind die Zimmer schön hell. In allen Etagen sitzen unzählige Elektronen an ihren Schreibtischen und rechnen eine Aufgabe nach der anderen aus. Beim Rechnen glühen die Elektronen vor Eifer und Anstrengung so sehr, dass es im PROZESSOR-Haus sehr warm ist. Aus diesem Grund hängt an der Außenwand des Hauses ein großer Ventilator zur Kühlung. Wenn er sich dreht, weht ein warmer Wind durch die Straßen.

Im Erdgeschoss geben die Kurier-Elektronen die Päckchen mit den Aufgaben ab, damit die Prozessor-Elektronen sie ausrechnen. Und dort empfangen sie die Ergebnisse wieder, um sie zum nächsten Betrieb zu bringen.

Gleich hinter der Tür sitzt Boni, das im Praktikum hier arbeitet, und rechnet ebenfalls. Troni übersieht das geflissentlich. Seit ihrem Wettkampf geht es ihm aus dem Weg, weil Boni so viel mutiger erscheint.

Eines Tages ruft Boni von Weitem: «Hey, Troni, hast du schon von dem glitzernden blauen Päckchen gehört, das gestern im Umlauf war?»

Troni geht zögernd auf Boni zu: «Ja, ich habe es selbst in der Hand gehalten. Es sollte ins Internet gebracht werden.»
«Und hast du es dorthin geschafft?», will Boni aufgeregt wissen.
«Nein», erwidert Troni traurig. «Mukki war schneller.»
«Oh nein!» Boni schlägt sich entsetzt mit der Hand an die Stirn. «Das war die Gelegenheit, die weite Welt zu erleben, und du nutzt sie nicht.» Boni winkt enttäuscht und vorwurfsvoll ab.
Darüber ärgert sich Troni: ‹Meint Boni etwa, ich hätte mich gegen Mukki durchsetzen müssen? Mukki ist immerhin größer und stärker als ich›, überlegt es. Schließlich stellt es in Gedanken fest: ‹Auf alle Fälle war es klug von mir, das Rätsel des Gangs zu lösen!›
Empört sprudelt es aus Troni heraus: «Jedenfalls habe ich herausgefunden, wie wir aus unserer Computer-Stadt hinausgelangen können!»
«Echt?», fragt Boni ungläubig.
Troni berichtet von der Chipkarte, dem Code und wie der Gang sich geöffnet hatte. Als es fertig ist mit Erzählen, staunt Boni: «Das wusste ich gar nicht! Alle Achtung!» Bei diesen Worten strahlt Troni auf und ist sehr stolz.
Seit dieser Stunde macht Troni keinen Bogen mehr um Bonis Tisch. Und so manches Mal malen sie sich gemeinsam aus, wie es wohl im Internet aussehen mag.

och mann!

7 9 + 3 ·

: 2 - 0
1 3

## DIE GELBE NEBELGESTALT

Nach einigen Tagen trifft Troni vor dem neuen Haus auf Mukki. Das Elektron ist soeben zurückgekehrt. Dass Mukki zuerst auf Troni trifft, ist kein Zufall. Troni hat seine Kurierwege immer so gelegt, dass es möglichst oft an jenem Haus vorbeigekommen ist.

«Puh, jetzt bin ich froh, dass ich zu Hause bin», sagt Mukki.

«Wieso denn?», fragt Troni.

«Na was denkst du», beginnt Mukki. «Das ist ein Wirrwarr in diesem Internet. Man findet sich kaum zurecht. Es gibt so viele Städte. Sie sind riesengroß, mächtiger als unsere und heißen Matrix. Ich habe mich mühsam durchgefragt. Von Matrix-Stadt zu Matrix-Stadt bin ich gerannt, bis ich endlich am Ziel war.»

Nach einer kurzen Pause fährt Mukki fort: «Ach, weißt du, was das Schärfste ist?» Ohne eine Antwort abzuwarten, berichtet Mukki: «Die Elektronen erzählen sich, dass unheimliche Wesen, sie nennen sie VIRUS, ihr Unwesen treiben. Sie sollen sich angeblich in die Computer-Städte schleichen und dort solch eine Verwirrung stiften, dass der ganze Computer nicht mehr funktioniert. Also wirklich, manche Elektronen glauben einfach alle Märchen.»

«Wie sieht es aus, so ein VIRUS-Ungeheuer? Ist es sehr gruselig?» Troni gehen dabei allerlei Möglichkeiten durch den Kopf.

«Ach, du bist wohl soeben drauf reingefallen? Nein, mich lass mit dem Kinderkram in Ruhe!» Und damit geht Mukki auf und davon.

Troni ist nun noch neugieriger geworden, wie es wohl im Internet zugehen mag. Magisch zieht es das kleine Elektron zum neuen Haus. Auch am Tag nach Mukkis Rückkehr schaut es versonnen zur Eingangstür.

Was ist das? Die Tür öffnet sich von selbst! Der Türspalt wird immer größer. Und kein Elektron ist zu sehen. ‹Oh je›, denkt Troni erschrocken. ‹Ich muss weitergehen. Ich sehe wohl Gespenster.› Sogleich hält es wieder inne: ‹Vielleicht habe ich mich doch nicht geirrt?›

Troni riskiert einen zweiten Blick. Wie von Geisterhand öffnet sich die Tür immer weiter. Wie oft in schwierigen Situationen, streicht Troni mit der Hand aufgeregt über seinen grünen Streifen auf dem Bauch.

Dabei spürt es ein seltsames Kribbeln. Allerdings kann Troni nicht weiter drauf achten, denn es bemerkt einen seltsamen gelben Dunst. Troni reibt sich die Augen. Jetzt lugt sogar eine gespenstische Gestalt hervor!

Geschwind huscht das kleine Elektron um die nahe Hausecke. Dort angekommen, atmet es erleichtert auf. Dann beugt es sich vorsichtig vor und schaut zur Tür. Das Nebelgespenst ist soeben herausgeflogen. Direkt auf Troni steuert es zu.

Rasch zieht Troni seinen Kopf ein, gerade rechtzeitig, damit der gelbe Nebel knapp an ihm vorbeifliegen kann. Er hat Troni wohl nicht gesehen.

Dafür hat ihn Troni umso besser gerochen. Plötzlich riecht es furchtbar übel. Troni wird ganz benommen davon und muss sich erst mal hinsetzen. Außerdem ist es müde geworden und

kann nur mühsam die Augen aufhalten. Glücklicherweise fühlt es sich nach kurzer Zeit besser.
Troni schaut sich um und sucht die gelbe Nebelgestalt. Es erblickt sie weit oben. Sie ist kaum noch zu sehen.
So ist es kein Wunder, das keiner in der Computer-Stadt dem kleinen Elektron glaubt, als es von seinem merkwürdigen Erlebnis erzählt. «Wir haben nichts gesehen», berichten alle, mit denen es spricht. Keiner ahnt, dass Troni etwas Wichtiges beobachtet hat.

# DAS UNGLÜCK IN DER FESTPLATTE

Am nächsten Morgen betritt Troni das FESTPLATTEN-Haus am Rande der Stadt, um ein Nachrichtenpaket abzuliefern. Dieses Gebäude ist das größte in der Computer-Stadt. Von den anderen Häusern unterscheidet es sich vor allem durch seine Form. Es ist rund.

Hier werden wie im SPEICHER Datenblätter gesammelt, nur dass es viel, viel mehr Regale gibt. Sie sind auf einer riesigen, kreisrunden Scheibe befestigt, die sich drehen kann. So brauchen die FESTPLATTEN-Elektronen nicht zu den Regalen hinlaufen, sondern diese drehen sich selbst zu den Elektronen.

Kurz nachdem Troni eingetreten ist, wird es im Haus dunkler, und das Licht wirkt auf einmal gelblich. Die Luft ist stickig. Tronis Streifen beginnt zu kribbeln. Das kennt es! Troni schaltet blitzschnell. «Schnell raus. Der gelbe Nebel kommt!», ruft es. Und abermals glaubt ihm niemand.

Eilends stellt sich Troni schon im Haus auf sein Flitzbrett und saust durch den eindringenden Nebel ins Freie. So gelangt Troni als einziges Elektron hinaus. Mit letzter Kraft wirft es sich hinter einen großen Stein. Ihm ist übel geworden.

Diesmal kann es die Augen nicht offen halten. Zum Glück hat Troni die neblige Luft nicht allzu lange eingeatmet und kommt schnell wieder zu sich. Immer noch juckt sein Streifen. Das zeigt, dass der gelbe Nebel noch in der Nähe ist. Aus dem FESTPLATTEN-Haus dringt ein lautes Poltern und Krachen.

Was soll Troni tun? Allein kann es nicht helfen, es muss Hilfe holen. Der nächstgelegene Betrieb ist der PROZESSOR. Troni flitzt hin und ruft ins Haus: «Helft, im FESTPLATTEN-Haus ist ein Unglück geschehen!»
Die PROZESSOR-Elektronen, unter ihnen Boni, laufen aufgeregt herbei. Hastig erzählt Troni vom Ungeheuer. Manche Elektronen fürchten sich, andere hingegen rennen sofort los in Richtung FESTPLATTEN-Haus.
Kinder-Elektronen dürfen vorsichtshalber nicht mitgehen. Troni und Boni sollen stattdessen in der Schule Bescheid sagen, damit alle in den Klassenräumen bleiben und sich nicht in Gefahr begeben.
Boni will sofort losrennen. Troni schlägt vor: «Stell dich mit auf mein Flitzbrett.»
«Ja, gerne», antwortet Boni begeistert. So düsen die zwei los, durch eine Gegend mit vielen flachen Häusern.
Plötzlich spürt Troni erneut jenes Kribbeln. Suchend sieht es sich um. Als es nach oben blickt, entdeckt es das Nebelungeheuer. Troni zerrt Boni vom Flitzbrett, hinein in einen Hausflur.
«Was ist los?», will Boni wissen.
«Der gelbe Nebel ist dicht über uns!» Kaum hat Troni geantwortet, klappert die Haustür und gelber Dunst dringt durch das Schlüsselloch.
Ängstlich gehen Troni und Boni einige Schritte rückwärts und stoßen auf den Hinterausgang. Dort gehen sie hinaus, schließen geschwind die Tür und atmen erleichtert auf. Langsam schleichen sie um das Haus herum auf die Straße. Troni lugt

um die Ecke: «Die Luft ist rein. Das Nebel-Gespenst schwebt oben.»
Rasch eilen sie auf dem Flitzbrett dem gelben Nebel hinterher. Kurze Zeit darauf gelangen sie ins Wohngebiet und stürmen an der Schule vorbei. In diesem Moment tritt Striezi aus der Tür. Das Lehrer-Elektron ruft ihnen zu: «Boni, warum arbeitest du nicht im PROZESSOR?» Boni antwortet atemlos: «Wir verfolgen ein Ungeheuer.»
Striezi schüttelt ungläubig den Kopf. Trotzdem läuft es ihnen hinterher. Weil Schule und neues Haus nur wenig voneinander entfernt sind, kann Striezi mit Troni und Boni auf dem Flitzbrett fast mithalten.
Der gelbe Nebel schwebt vor ihnen. Jetzt taucht er ab, fliegt tiefer, geradewegs durch die Tür des neuen Hauses. Kurze Zeit später sind auch seine Verfolger angelangt. Mutig öffnen sie die Haustür. Gerade noch sehen sie das gelbe Ungeheuer durch den geheimnisvollen Gang entschwinden.
Für einen Moment leuchten die Lampen. Dann werden sie dunkel, als wäre nichts geschehen. Nur die Lichtblitze der drei Elektronen flimmern wie immer.
Eine Weile stehen Troni, Boni und Striezi erschöpft und unschlüssig da. Troni fällt ein, dass sie eigentlich in der Schule vor der Gefahr warnen sollten. ‹Immerhin ist dieses Problem vorerst gelöst›, denkt es.
Sie verlassen das Haus und gehen zu dem großen Platz in der Mitte der Stadt. Dort haben sich mittlerweile unzählige Elektronen versammelt. Troni und Boni berichten den Umstehen-

den von ihrer Verfolgungsjagd und dass das Nebelgespenst durch den Geheimgang verschwunden ist.
Allerdings, warum sagt Striezi nichts? Das Lehrer-Elektron ist nicht da. Troni schaut sich suchend um. Dabei hört es auf das Stimmengewirr um sich. Es erfährt, dass in der FESTPLATTE alles durcheinander geraten ist. Die Regale sind umgestürzt, alle Datenblätter liegen wüst umher.
Die Elektronen sind besorgt und aufgeregt. Ohne den Zugriff auf diese vielen Informationen können die Betriebe nicht mehr arbeiten. Alles steht still in der Computer-Stadt. Solch eine außergewöhnliche Situation gab es noch nie.
Da kommt zum Glück das Lehrer-Elektron. Troni ist erleichtert. Striezi stellt sich auf ein Podest: «Wenn ihr alle durcheinander redet, versteht keiner etwas. Wer einen Vorschlag hat, sollte zu mir hochkommen. Hier könnt ihr eure Ideen für alle gut hörbar vortragen.» Gespanntes Schweigen tritt ein.

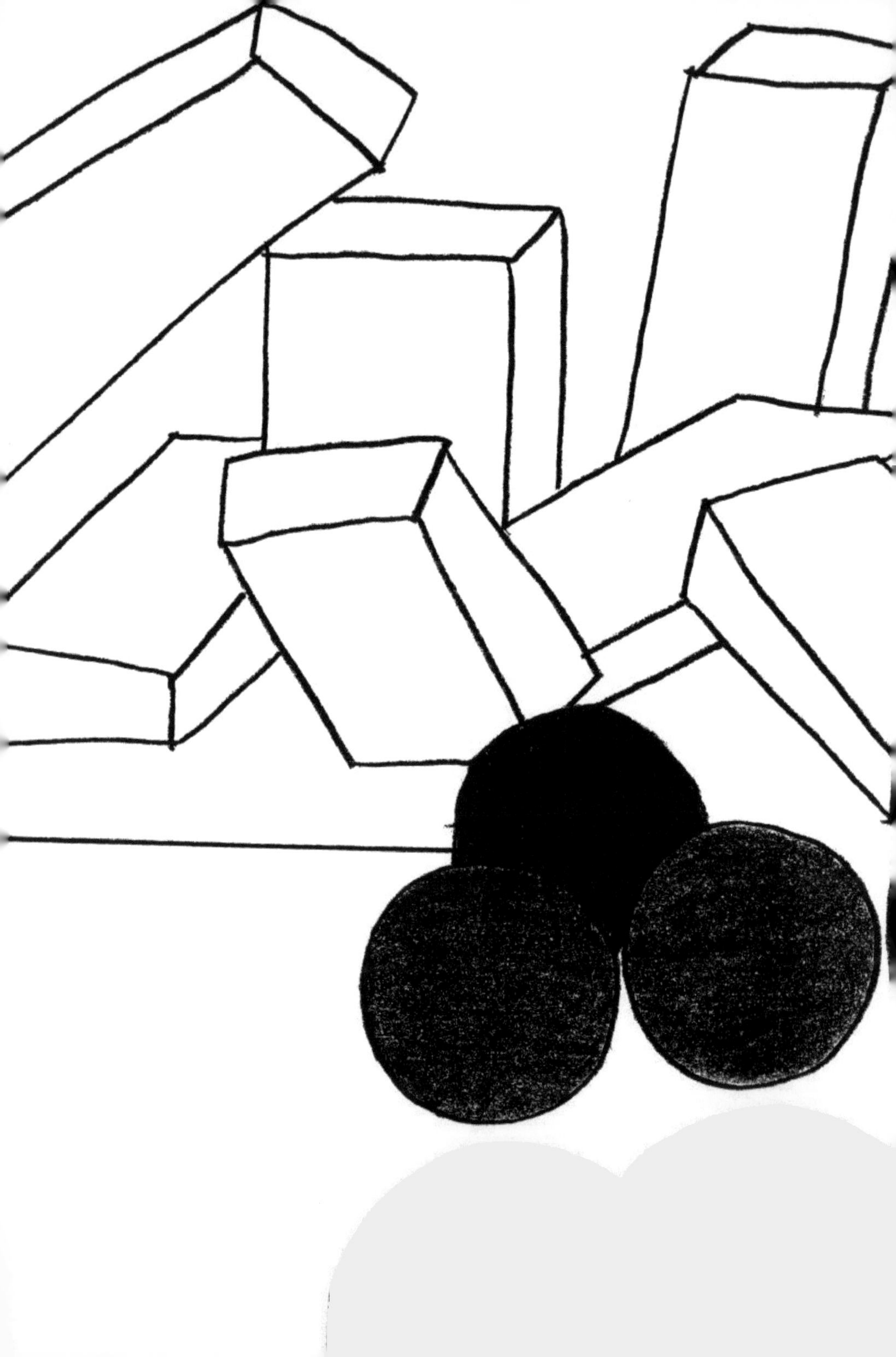

Da schiebt sich Mukki durch die Reihen und steuert auf das Podium zu. Es springt hinauf und spricht: «Wir müssen natürlich im Festplattenhaus die alte Ordnung wiederherstellen, das ist jedenfalls klar. Das heißt, wir werden die Regale aufstellen und alle Unterlagen einräumen. Das macht viel Mühe. Trotzdem werden wir es schaffen.»
Inzwischen hat sich ein weiteres Elektron zum Podium vorgearbeitet. Es ist Troni. Es hat sich genau überlegt, was es sagen will: «Alles zu reparieren, reicht nicht aus. Wir müssen dafür sorgen, dass uns so etwas nicht noch einmal geschieht. Dieses Chaos haben wir dem gelben Nebel zu verdanken, den ich vorher schon gesehen hatte. Er könnte solch ein VIRUS sein, von dem die Elektronen im Internet unserem Mukki berichtet haben. Ich schlage vor, dass ich ins Internet gehe. Dort werde ich mich erkundigen, was wir tun können, um uns zukünftig gegen solch einen VIRUS zu schützen. Möglicherweise gibt es ein Gerät für diesen Zweck.»
Als Mukki das Wort Internet hört, mischt es sich ein. Dorthin zu gehen, das steht nur ihm zu! «Nein, ich werde gehen», erklärt es entschlossen.
Unerwartet erhält Troni Unterstützung. Boni ist auf ein anderes Elektron geklettert und ruft von dort: «Ich finde, Troni soll gehen. Was ist, wenn Mukki dem gelben Nebel begegnet? Es erkennt ihn vielleicht nicht und läuft ihm direkt in die Arme. Das wäre dann sicherlich sein letzter Ausflug.»

Plötzlich wird Mukki in seinem Vorhaben unsicher. Einerseits sollte das natürlich nicht sein letzter Weg ins Internet sein. Andererseits denkt es sich: ‹Troni kennt sich überhaupt nicht aus. Nein, nur ich kann solch eine schwierige Aufgabe lösen.›

In Troni wirbeln die Gedanken durcheinander. Sollte es das zum Greifen nahe Ziel nicht erreichen? Nein! Jetzt ist die Gelegenheit, sich auch seinen zweiten Wunsch, furchtloser zu werden, endgültig zu erfüllen. Dies ist die Chance, über seinen eigenen Schatten zu springen.

Troni nimmt all seinen Mut zusammen und bringt das entscheidende Argument vor: «Mukki, deine Kraft und Erfahrung werden hier gebraucht, wenn wir die FESTPLATTE in Ordnung bringen. Es wird schwer sein, die Regale aufzurichten. Das schafft kaum ein Elektron außer dir.»

Nun fühlt sich Mukki geschmeichelt. Nach einer kleinen Weile spricht es: «Also gut, Troni, mach du dich auf den Weg. Wenn ich es mir recht überlege, werde ich in der Tat sehr dringend in unserer Stadt benötigt.»

Da meldet sich Boni nochmals zu Wort: «Und ich möchte mitgehen.» Die Elektronen hören fast nicht mehr zu. Sie können es kaum erwarten, alles zu reparieren. Ungeduldig drängen sie auf das Ende der Versammlung. Deshalb widerspricht niemand, und es ist beschlossene Sache, dass Troni und Boni sich gemeinsam nach einem Schutz vor gespenstischen Nebelgestalten umsehen.

Troni freut sich. Nun wird sogar sein dritter Wunsch, die weite Welt kennen zu lernen, in Erfüllung gehen.

Und das hat es sich selbst erkämpft. Das ist das Schönste. Bleibt allerdings die Frage: Wie sollen Troni und Boni ins Internet gelangen? Eine Nachricht mit Code und dazugehöriger Chipkarte gibt es diesmal nicht.
Nachdenklich schlendern die zwei zum neuen Haus. Sein Flitzbrett hat Troni unter den Arm geklemmt. Drinnen ist alles wie immer. Der Gang liegt im Halbdunkel. Unschlüssig sehen sich Troni und Boni an.
Auf einmal betritt noch jemand den Raum. Es ist Striezi. «Wie können wir nur hinausgelangen?», fragt Troni.
«Genau deswegen bin ich hier. Ich dachte mir, vielleicht könnt ihr das gebrauchen.» Mit diesen Worten reicht ihr Lehrer ihnen eine Chipkarte.
«Wo ist das her?», fragt Boni erstaunt.
Mit geheimnisvoller Stimme fährt Striezi fort: «Als uns vorhin das Nebelgespenst entwischt war, bin ich im neuen Haus geblieben. Am hinteren Ende des Gangs fand ich diese Karte. Ich vermute, es ist eine Zauber-Chipkarte, die das Nebelungeheuer verloren hat. Und ich hoffe, dass ihr damit ohne Tastatur-Code alle Pforten öffnen könnt.»
Freudestrahlend und sehr aufgeregt nimmt Troni die Karte entgegen und reicht sie dann Boni. Beide fassen daran an. Gemeinsam stecken sie die Karte vorsichtig in den Schlitz. Plötzlich rasen Blitze durch den Gang, wandern zu seinem Ende, bis er in gleißendes Licht getaucht ist. In der Ferne sind Häuser zu sehen. Troni und Boni laufen ihnen entgegen.
Die Abenteuer im Internet können beginnen!

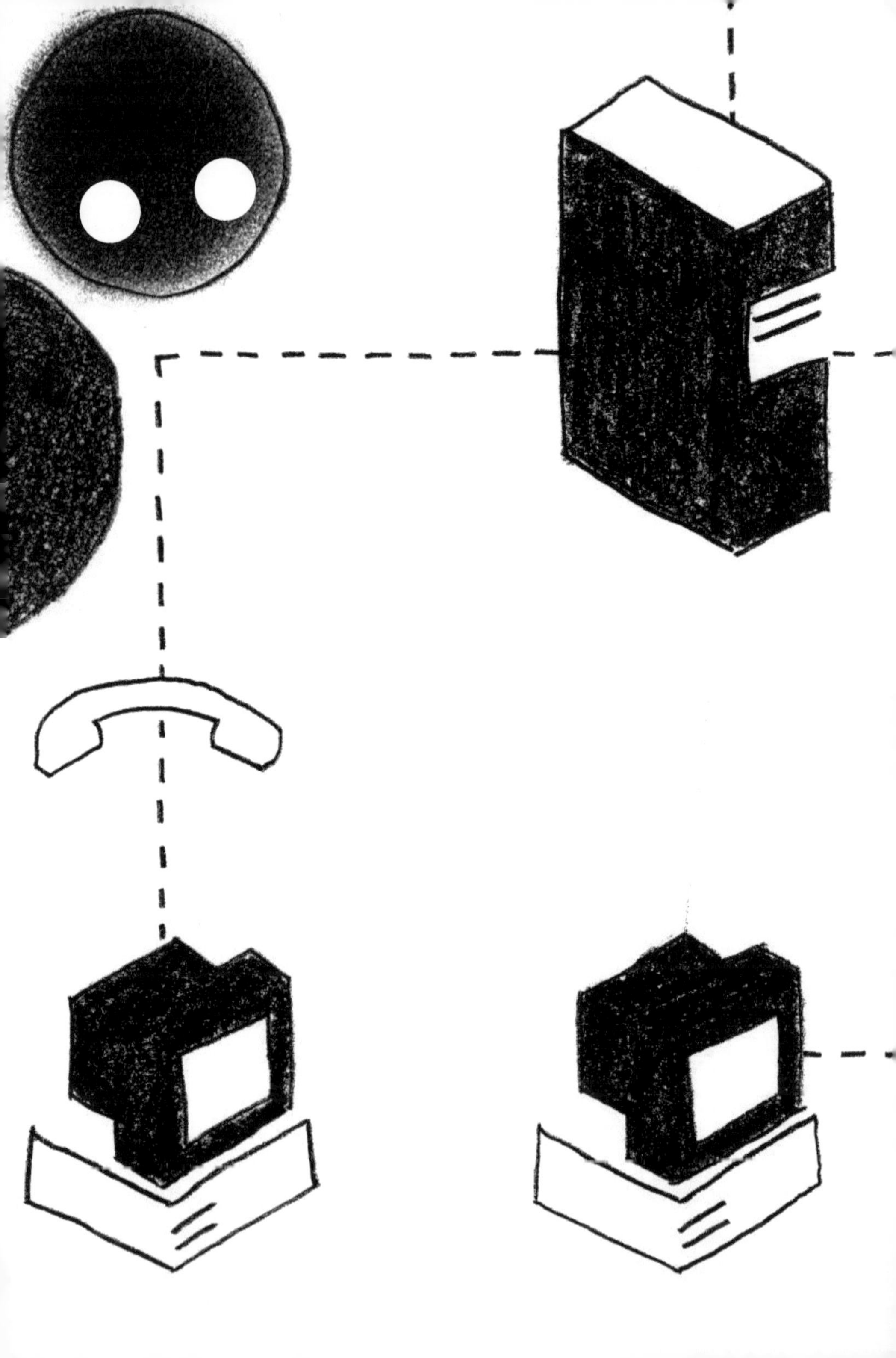

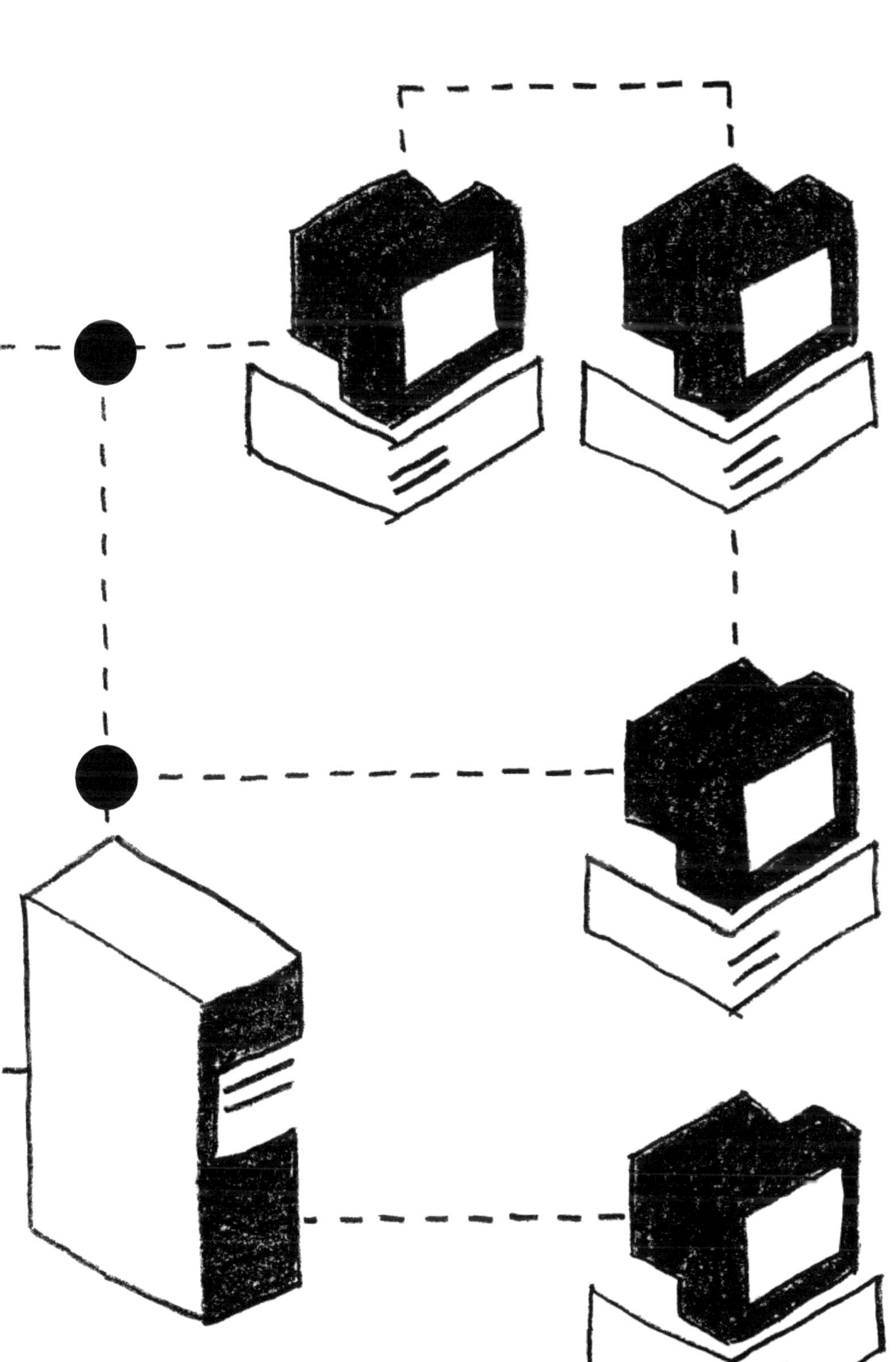

## DAS LABYRINTH

Troni und Boni laufen durch den Gang aus dem heimatlichen Computer hinaus auf den unbekannten Weg. Jetzt, wo sie ihn betreten, erscheint er ihnen metallisch und glänzend. Der Eindruck täuscht nicht, denn er ist aus Metall.

Troni legt sein Flitzbrett ab: «Komm, Boni, steig auf. Wir wollen zusammen auf dem Brett schweben. Das geht schneller.» Gesagt, getan: Troni steht vorn und Boni schaut ihm über die Schulter.

Im Übrigen ist sich Troni nicht sicher, ob es sich über Bonis Begleitung freuen soll oder nicht. Einerseits befürchtet es Auseinandersetzungen, andererseits ist es froh, nicht allein zu sein.

Was ist das? Das Flitzbrett schwebt nur noch knapp über dem Weg. Fast schlägt es auf. Und schon ist es geschehen, das Brett schleift auf dem Boden. Troni und Boni klammern sich aneinander, um nicht hinunterzustürzen. So holpert das Brett noch ein Stück dahin, bis es liegen bleibt.

Troni untersucht sein Flitzbrett. «Oh je, es ist fast zerbrochen», stellt es erschrocken fest. «Zwei waren auf die Dauer wohl zu schwer. Wir werden weitergehen müssen.»

Glücklicherweise ist es nicht mehr weit bis zum Eingang in eine Stadt. Durch eine mächtige Eisentür treten sie ein. Troni stellt bald fest: Diese Stadt ist größer als ihre heimatliche Computer-Stadt. Die Straßen sind breiter. Großer Trubel herrscht in ihnen, und es ist auffallend laut.

‹Der Lärm ist ja kaum auszuhalten›, denkt Troni. ‹Woran liegt das nur?› Troni beobachtet das Treiben um sich herum und bemerkt: ‹Aha, nicht nur Botenelektronen flitzen durch die Straßen. Es gibt noch unzählige andere Elektronen. Sie sprechen ständig vor sich hin, tuscheln und wispern.›
Auf einmal ruft Boni: «Sieh mal, Troni, das Haus dort. Das erinnert mich an zu Hause.»
Erwartungsvoll blickt Troni auf. Es sieht ein Gebäude, über dessen Tür PROZESSOR steht. Am Hauseingang arbeitet ein Elektron.
Troni fragt es: «Warum reden in dieser Stadt die Elektronen ständig?»
Das Prozessor-Elektron erklärt: «Das sind Sprachelektronen. Jedes von ihnen überträgt die Silbe eines Telefongesprächs. Sie sprechen immer vor sich hin, damit sie nichts vergessen.»
«Aha, dann haben wir noch eine zweite Frage», nutzt Boni die Gelegenheit. «Wie kommen wir von hier aus ins Internet?»
Das Elektron antwortet entrüstet: «Ha, wer geht denn ins Internet? Ein ordentliches Elektron eilt von einem Telefon zum anderen und überträgt Gespräche. So war es schon immer.»
«Wir möchten trotzdem dorthin. Wir müssen einen Schutz vor gelben Nebeln für unsere Computer-Stadt beschaffen», fährt Boni mit stolzer Stimme fort.
«Durchs Labyrinth wird es wohl gehen», erwidert das Prozessor-Elektron mürrisch.
Boni lässt sich nicht beirren und fragt: «Und wo ist dieses Labyrinth?»

«Drei Straßen weiter», lautet kurz die Antwort. Sodann wendet sich das Elektron ab, um zu zeigen, dass es sich nicht weiter unterhalten möchte.
Das Labyrinth ist viel größer als die anderen Häuser dieser Stadt. Es ist zwar nicht hoch, erscheint hingegen sehr, sehr lang und breit. So groß ist es, dass Troni und Boni sein Ende nicht erkennen können. Troni kommt der riesige Bau nicht ganz geheuer vor.
«Ich sehe nicht einmal Fenster», stellt es besorgt fest.
«Ach komm, wir gehen erst mal rein», schlägt Boni vor.
Auch hier werden sie von einem Elektron empfangen. Es sitzt hinter einem Tisch und fragt: «Wo wollt ihr hin?»
Boni antwortet: «Ins Internet.»
Erfreut ruft das Elektron aus: «Oh, ins Internet! Davon habe ich schon gehört. Leider dreht sich hier alles um die Sprachelektronen. Da erfahre ich wenig über andere Dinge. Ich habe trotzdem einen Plan gezeichnet und selbst ausprobiert. Hier, nehmt diese Wegbeschreibung und tretet ein. Damit findet ihr den richtigen Ausgang des Labyrinthes.»
Troni und Boni finden sich in einem Gang wieder. Er ist nicht lang. Sie haben ihn schnell durchschritten. An seinem Ende teilt sich der Weg. Boni schaut auf die Streckenbeschreibung und ermittelt: «Links müssen wir entlanggehen.» An der nächsten Gablung nehmen sie den rechten Abzweig.
Der Weg ist sehr verworren. Troni und Boni strengt es an, immer den richtigen Weg zu finden. Um sich aufzumuntern, schwatzen und kichern sie miteinander. Troni denkt sich kleine Ge-

schichten aus, und Boni erzählt Witze. An den Kreuzungen beratschlagen sie gemeinsam, wie sie weitergehen müssen. Obwohl sie sich beeilen, kommen sie nur langsam voran. Tronis Flitzbrett fehlt ihnen sehr. «Dass schon der Anfang so mühsam ist, das hätte ich nicht gedacht», meint Boni.
«Ich auch nicht», bestätigt Troni. «Und überhaupt, wie soll es nur ohne Flitzbrett weitergehen?»

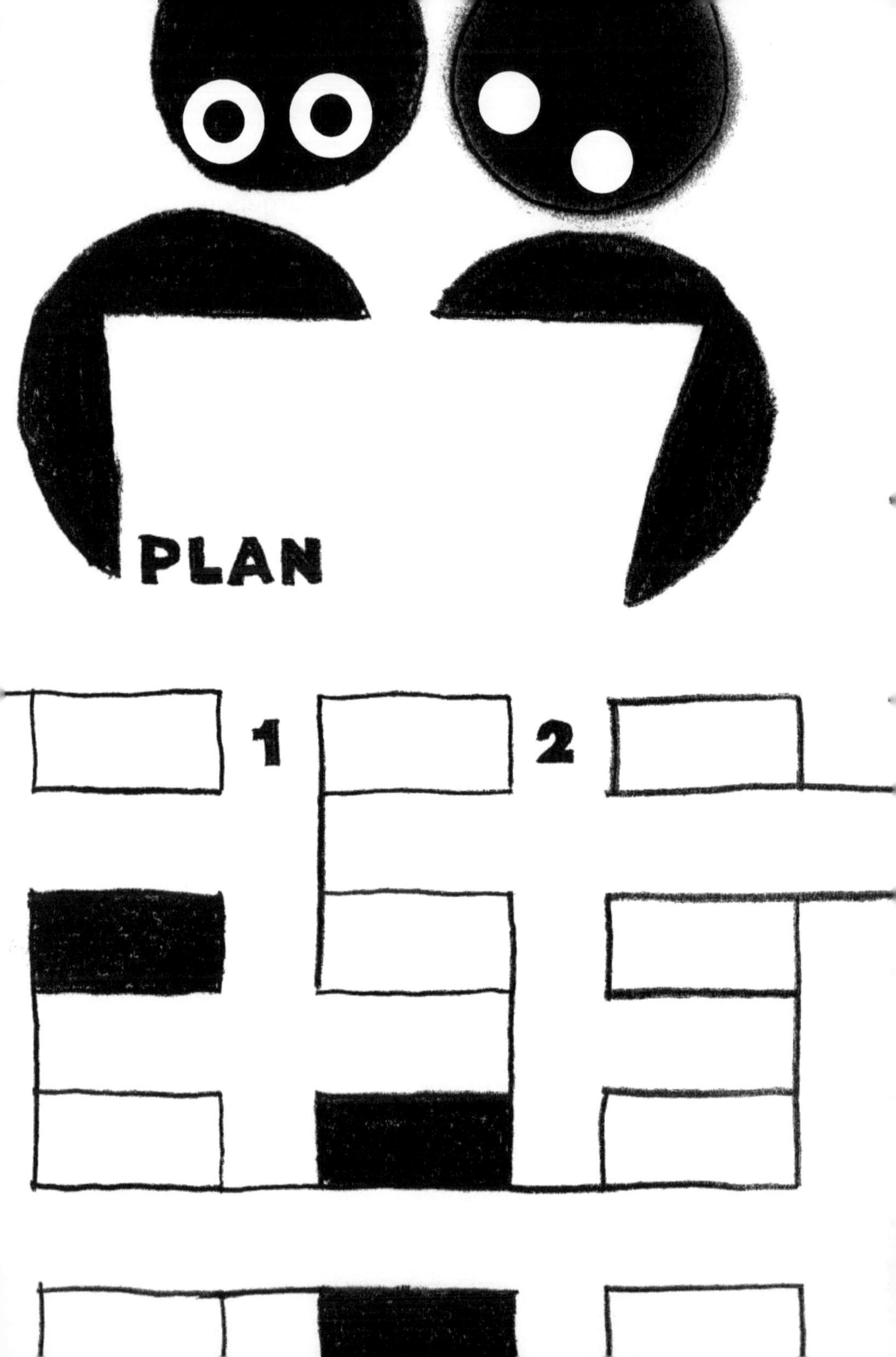
PLAN
1
2

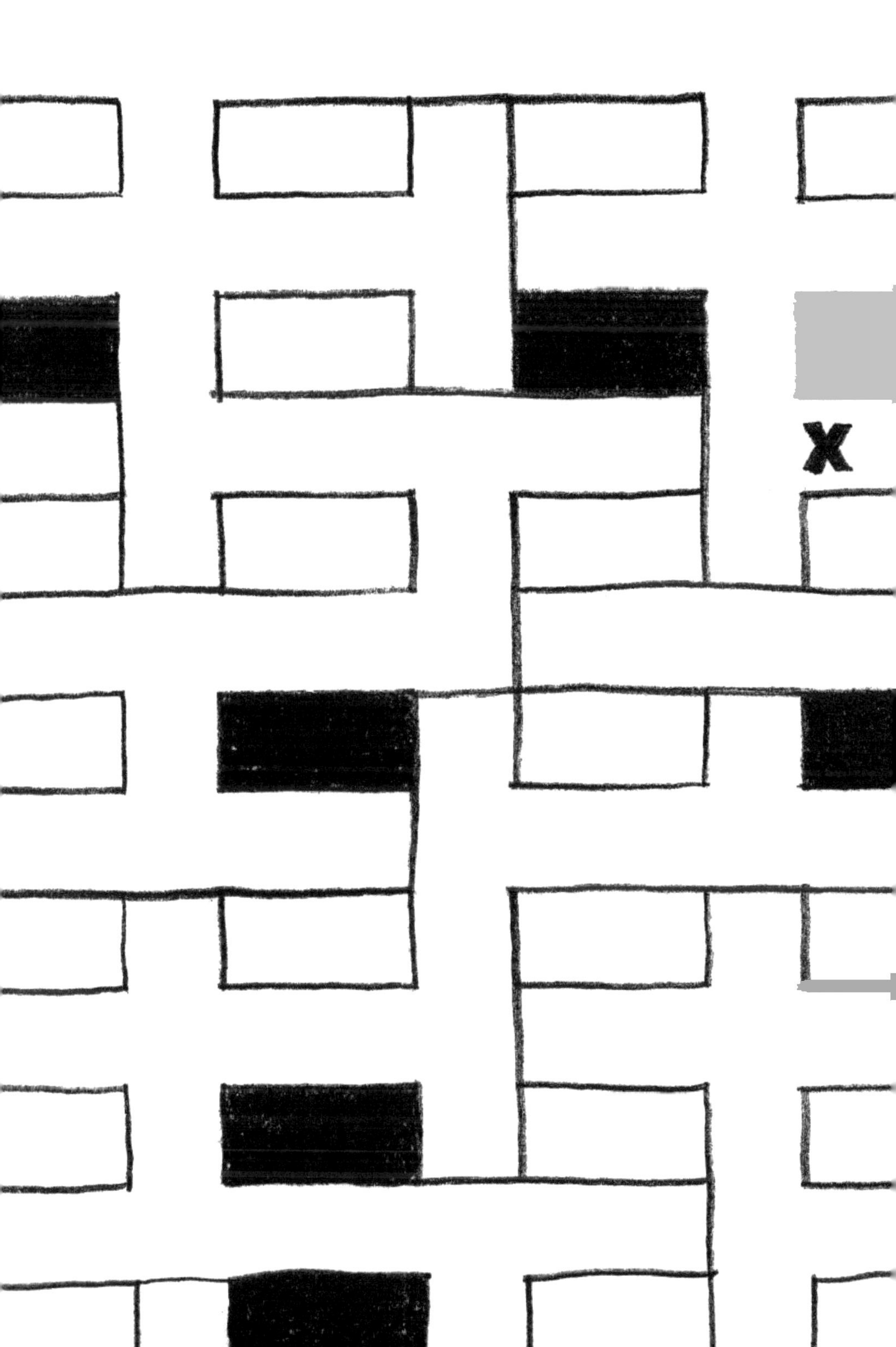

## DER EINGANG INS INTERNET

Endlich haben sie den Ausgang des Labyrinths erreicht. Hier erwartet sie eine Überraschung. Troni entdeckt zuerst das Schild «Flitzbrett-Ausgabe»: «Sieh mal, Boni! Da vorn gibt es Flitzbretter! Nichts wie hin!»
Sie betreten eine große Halle. Darin lagern unzählige bunte Flitzbretter. Ein Elektron ist damit beschäftigt, einige davon aufzustapeln. Als es Troni und Boni bemerkt, kommt es sogleich mit zwei Brettern angelaufen: «Da werde ich euch mal ausrüsten für die Welt des Internets», spricht es freundlich.
Troni sagt: «Sind wir hier … », und Boni fährt fort: «im Internet?»
Das Elektron antwortet: «Von unserem Haus aus führt der Weg direkt dorthin.»
Troni und Boni freuen sich und wollen gleich weitereilen. Da fallen ihnen die neuen Flitzbretter ein. Boni zeigt auf sie: «Die nehmen wir gern. Wir hatten bloß eines und das ist kaputtgegangen.»
Darauf erwidert das Elektron: «Da habt ihr Glück im Unglück. Bei uns erhalten alle Elektronen neue Flitzbretter. Es ist zwar nicht das neueste Modell ‹Flitzpiepe›. Aber ihr kommt auch damit gut vorwärts. Die Hauptsache ist der Umschalter Metall — Glas.»
«Wieso das?», fragt Boni.
«Seht euch die Straße dort vorn genauer an. Dann versteht ihr», verabschiedet sich das Elektron.

Troni und Boni laufen zu der gewiesenen Stelle. Dort ruft Boni begeistert: «Sieh mal, Troni, ich kann mich spiegeln.» Es beugt sich vornüber, schneidet lustige Grimassen und lacht. Dabei betrachtet es sich auf der Straße, denn sie besteht aus Glas. Dann stellen sie den Schalter am Flitzbrett auf «Glas» und brausen los, Troni auf einem grünen Brett und Boni auf einem roten. Anfangs muss sich Boni sehr konzentrieren, weil es nur wenig Übung hat. Es purzelt öfters hinunter. Troni hilft und erklärt ihm, und nach und nach lernt Boni, das Flitzbrett zu steuern.

Troni ist darin geübt und muss sich kaum noch anstrengen. Nebenbei hängt es seinen Gedanken nach. Irgendwie ist es unzufrieden mit sich. Nach einigem Besinnen wird ihm bewusst, warum das so ist: In den Unterhaltungen mit anderen Elektronen hat meist Boni gesprochen.

‹Die anderen müssen denken, ich könne nicht reden›, ärgert sich Troni. ‹Derweil ist es nicht so, dass ich nichts zu sagen wüsste. Boni ist einfach schneller.› Das plagt Troni sehr und deshalb nimmt es sich vor: ‹Ich will bei der Unterhaltung mit anderen Elektronen rascher mit Sprechen beginnen.›

Nach einer Weile erreichen sie eine Stadt. Sie ist von einer silbern glänzenden Mauer umgeben. Als Troni und Boni näher kommen, erkennen sie erleichtert, dass es zahlreiche offen stehende Tore in der Mauer gibt. Troni ist aufgeregt: «Das muss der Eingang sein!»

JUCHHUU!

# DIE ERSTE MATRIX-METROPOLE

Sie schweben durch eine der Türen in die Stadt hinein. Erwartungsvoll fragt Boni das erste Elektron, das ihnen begegnet: «Ist hier das Internet?»
Sie hören die lang ersehnte Antwort: «Ganz genau, so ist es, ihr seid im Internet.»
Die zwei jubeln: «Juchhu, wir sind da!» Boni umarmt Troni vor Freude.
Troni überlegt: ‹Und wo finden wir nun unser Gerät?› Kaum hat es zu Ende gedacht, spricht Boni laut und vernehmlich: «Weißt du, wo es einen Apparat geben könnte, der einem gelben Nebel den Zugang zu unserer Computer-Stadt versperrt?»
Das angesprochene Elektron antwortet: «So etwas kenne ich nicht. Erkundigt euch am besten in der Stadt des Wissens.»
«Und wie finden wir sie?», fragt Boni.
«Fragt im Matrix-Hauptgebäude nach dem Weg. Das Haus steht am anderen Ende unserer Metropole.»
Troni und Boni schweben durch breite Straßen. Troni bemerkt, dass keine Sprachelektronen mehr unterwegs sind. Und noch etwas fällt ihm auf: Die Häuser ändern ihre Farbe. Das geschieht allmählich. Troni kann es gut erkennen.
Das gesuchte Hauptgebäude ist weithin zu sehen. Bis sie angelangt sind, hat es drei verschiedene Farben angenommen. Erst war es rot, dann lila, und als Troni und Boni eintreten, ist es gerade blau geworden.

Drinnen warten zahlreiche Elektronen. Sie wollen wohl ebenfalls etwas mit den Matrix-Elektronen besprechen.
Plötzlich glaubt Troni seinen Augen kaum zu trauen: «Sieh mal, Boni, ist das Striezi? Ist es etwa nicht in der Computer-Stadt geblieben?» Kaum hatte Boni hingesehen, hat das scheinbare Lehrer-Elektron wieder das Haus verlassen.
«Das ist merkwürdig», meint Troni nachdenklich. «Ist uns Striezi heimlich gefolgt? Das kann allerdings gar nicht sein. Es hat keine Chipkarte, um aus der Computer-Stadt hinauszugelangen. Außerdem kam es mir so vor, als schimmerte dieses Elektron seltsam grünlich.»
Endlich sind Troni und Boni an der Reihe. Gerade als Troni ansetzen will zu sprechen, stellt Boni die Frage: «Können wir hier eine Wegbeschreibung bekommen?»
Das Matrix-Elektron antwortet: «Dann gebt mir mal den Zahlencode für euer Ziel.»
«Zahlencode?» Troni und Boni sehen sich fragend an. «Woher sollen wir so etwas wissen?»
«Das ist so», erläutert das Elektron, »die Adressen im Internet können auf zwei verschiedene Arten dargestellt werden: mit Buchstaben oder als Zahlen. Wir Elektronen können allerdings viel besser mit einem Zahlencode als mit Buchstaben arbeiten.»
Als das Matrix-Elektron Tronis und Bonis ratlose Gesichter sieht, fragt es: «Wo wollt ihr eigentlich hin?»
«In die Stadt des Wissens», entgegnet Boni sogleich.
«Na das ist was anderes», erwidert das Matrix-Elektron. «Für die Internetstädte, nach denen am meisten gefragt wird, ha-

ben wir Matrix-Elektronen die Wegbeschreibung griffbereit.» Mit diesen Worten fasst es hinter sich, gibt ihnen eine Karte und erklärt: «Das ist der erste Teil des Weges. In der nächsten Matrix-Metropole müsst ihr nach dem folgenden Abschnitt fragen.»

Troni denkt: ‹Warum ist das so umständlich?›, und sagt: «Wieso ist ...» Boni achtet nicht darauf und spricht schnell und energisch: «Weshalb können wir keine Beschreibung für die gesamte Strecke erhalten?»

Daraufhin erklärt das Elektron: «Das Internet ist riesig. Es gibt sehr, sehr viele Kreuzungen. Wir können von hier aus nicht den gesamten Verlauf des Weges vorhersehen und erst recht nicht aufzeichnen.»

Das Matrix-Elektron weist sie noch auf eine weitere Feinheit hin: «Am unteren Rand dieser Zeichnung steht die Adresse unserer Matrix-Metropole. Das wird euch den Rückweg erleichtern.»

Troni und Boni stürmen voller Tatendrang los. ‹Das Internet ist wirklich sehr geheimnisvoll›, denkt Troni.

Während sie auf ihren Flitzbrettern über die Straßen schweben, kreisen in Troni die Gedanken: ‹Nun habe ich versucht, mehr zu reden. Doch Boni war abermals schneller und lauter.›

Troni ist traurig und unzufrieden mit sich: ‹Ich werde mich eben noch mehr anstrengen müssen. Ob das reicht?›

Nach einer Weile hat Troni eine Idee. Es nimmt sich vor, nicht lange damit zu warten und sie bald auszuprobieren.

# DAS GEHEIMNISVOLLE ELEKTRON

An der nächsten Kreuzung glaubt Troni für einen Augenblick einen gelben Nebelstreif zu erkennen. Es reibt sich erstaunt die Augen. Als es wieder klar sehen kann, ist die gelbe Erscheinung verschwunden. Etwas macht Troni stutzig: Sein Streifen am Bauch hat gekribbelt. Troni beschließt, vorsichtig zu sein.
Plötzlich ruft Boni: «Dort vorn ist das Elektron, das Striezi ähnlich sieht.» Schon ist es um die Ecke gehuscht. Troni kann es nicht mehr entdecken.
Diesmal ist Boni etwas Besonderes aufgefallen: «Das Elektron hatte ein tolles Flitzbrett. Es sah viel flotter aus als unseres.»
Troni erwidert: «Das Flitzbrett mag ja prima gewesen sein. Trotzdem ist mir das unheimlich mit diesem Elektron. Warum begegnen wir ihm so oft?»
Boni ist ohne Sorge: «Ach, das wird Zufall gewesen sein. Mich interessiert mehr, ob das wirklich Striezi ist. Wenn das so ist, könnte es uns lieber helfen, anstatt so geheimnisvoll zu tun.»
Sie sausen weiter von Kreuzung zu Kreuzung. An einer Weggabelung stellen sie die Schalter ihrer Flitzbretter von Glas auf Metall, weil die Straße glänzend wird.
Am Ortseingang der Stadt des Wissens steigen sie ab, um sich in aller Ruhe umzusehen. Diese Gelegenheit ergreift Troni und sagt: «Boni, wenn wir andere Elektronen treffen, lass mich auch mal zu Wort kommen. Mir scheint, dass fast nur du sprichst und dich vordrängst. Das ärgert mich.»

Daraufhin tritt eine Weile Stille ein. Dann antwortet Boni mit erstaunter Stimme: «Das ist mir gar nicht aufgefallen. Ich wollte dich nicht in den Schatten stellen, aber einer muss ja was sagen. Wenn du nicht sprichst, tue ich es eben.»

Troni entgegnet: «Ich weiß natürlich was zu sagen, es dauert nur ein klein wenig länger. Und außerdem übertönst du mich manchmal, selbst wenn ich schon begonnen habe zu sprechen.»

Boni überlegt und fährt zu Tronis Freude fort: «Gut, ich werde aufpassen und dich reden lassen. Aber dann musst du schneller reagieren, statt ewig zu warten, bis du mit dem ersten Satz beginnst.»

Erleichtert erklärt Troni: «Gut, wenn du dich etwas zurückhältst, wirst du sehen, ich schmeiße den Laden auch.»

Kaum hat Troni zu Ende gesprochen, kommt ihnen das Elektron entgegen, das wie Striezi aussieht. Diesmal fasst sich Troni ein Herz und spricht es an: «Hallo, du siehst aus wie unser Lehrer-Elektron.»

Das Elektron bleibt stehen und mustert Troni und Boni. Jetzt erkennen sie, es ist nicht Striezi. Troni bemerkt, dass es ein ähnlich gütiges Gesicht hat.

«Nein, ich unterrichte in keiner Schule», antwortet das Elektron mit tiefer Stimme.

«Was machst du dann?», möchte Troni wissen.

«Das kann ich euch nicht verraten.»

Nun ist Tronis und Bonis Neugierde erst recht geweckt. Beide setzen gleichzeitig an zu sprechen. Sie blicken sich kurz an.

Boni steckt tatsächlich zurück, und Troni fragt: «Wieso kannst du das nicht? In unserem Heimat-Computer ist bekannt, was jeder macht. Ist das im Internet immer so geheimnisvoll?»
Das rätselhafte Elektron entgegnet lachend: «Nein, ist es nicht. Der Unterschied liegt vielleicht darin, dass es im Computer selten Bösewichte gibt.»
Troni berichtet: «Oh doch, bei uns spukte ein geheimnisvoller gelber Nebel und hat in unserer Festplatte alles verwüstet. Darum sind wir hier. Wir wollen ein Schutzgerät finden, damit nicht noch einmal ein Bösewicht unseren Computer verwüsten kann.»
Das geheimnisvolle Elektron erklärt: «Ihr meint einen Firewall, den sucht ihr. Ich habe davon gehört. Ein Firewall verhindert, dass jeder X-Beliebige in eine Computer-Stadt gelangen kann. Durch so ein Gerät öffnet sich die Tür nur für diejenigen, die ein Geheimwort wissen. Am besten ihr fragt dort vorn in den Auskunftbüros, wo ihr einen solchen Firewall finden könnt.»
Das rätselhafte Elektron redet nachdenklich mit erstaunter Stimme weiter: «So, so, das hätte ich nicht gedacht, dass ihr zwei euch auskennt.»
Troni bekräftigt: «Wir haben sogar das Ungeheuer gejagt und hätten es fast erwischt.»
«Ihr scheint pfiffig zu sein», stellt das Elektron fest.
«Klar», erwidert Boni. «Das sind wir. Bitte nicht ablenken. Wer bist du?» «Na gut, da ihr sozusagen vom Fach seid, will ich es euch verraten: Ich heiße Polli und arbeite bei der Internet-Polizei. Wir suchen zurzeit genau solch einen gelben Nebel, wie

ihr mir gerade beschrieben habt. Solche Nebel nennen wir Virus. Es wurden mittlerweile einige von ihnen gesichtet. Bisher gab es bei uns keine Polizei. Erst nachdem diese Virus-Nebel auftauchten, wurde sie gegründet. Wir sind bis jetzt nur wenige. Deshalb bitte ich euch, helft uns und geht mit offenen Augen und Ohren durchs Internet. Ich denke, ihr könntet uns eine große Hilfe sein.»
Boni und Troni bringen vor Erstaunen kein einziges Wort hervor. Troni sammelt sich als Erstes: «Habt ihr Polizisten besondere Geräte, mit denen ein Virus-Nebel gefangen werden kann?»
Polli antwortet bedauernd: «Nein, wir haben noch nie einen Virus einfangen können. Ihr müsst euch, wenn ihr ihm begegnet, selbst etwas einfallen lassen.»
Nach einer Pause fährt es fort: «Und jetzt werde ich euch zeigen, wie wir uns wieder treffen.» Mit diesen Worten greift Polli in seinen Rucksack. Drei kleine Kästen holt es hervor. Auf diesen Kästchen befinden sich mehrere bunte Schalter.
Polli blickt Troni und Boni aufmerksam an und erläutert: «Das sind drei Ortungsgeräte. Jedes von ihnen kann den zwei anderen übermitteln, wo es sich gerade befindet. Ich schlage vor: Jeder nimmt eines, so können wir uns immer finden. Und wenn ihr in Not seid, drückt auf diesen Knopf, und ich werde zu euch eilen.» Dabei weist Polli auf einen lila Schalter am Ortungsgerät und saust dann auf und davon.
Troni ist beeindruckt, wie sehr Polli ihnen vertraut. Das war ihm bei einem erwachsenen Elektron bisher nur selten passiert. Troni nimmt sich vor, Polli nicht zu enttäuschen.

# DIE STADT DES WISSENS

Troni und Boni gehen weiter in die Stadt des Wissens hinein. Dabei bemerkt Troni: «Sieh mal! Die Elektronen laufen oder schweben gar nicht. Sie hopsen.»
Troni hält eines von ihnen an: «Wir suchen die Auskunftbüros.»
Das Elektron erwidert freundlich: «Hups, das sind die 26 Gebäude dort vorne. Für jeden Buchstaben gibt es eines.»
Troni und Boni schweben auf ihren Flitzbrettern in Richtung der Häuser. Unterwegs fällt ihnen auf, dass sie alle sehr hoch sind. Troni fragt sich, warum das so sein mag: ‹Vielleicht sind sie so hoch›, überlegt Troni, ‹weil die Etagen höher sind als in anderen Städten. Wie kommt das? — Vielleicht hüpfen diese Elektronen nicht nur auf der Straße, sondern auch in ihren Häusern. Und damit sie sich nicht an der Decke stoßen, sind die Räume höher als gewöhnlich. Ja, so wird es sein!› Troni ist zufrieden mit sich.
Boni reißt es aus seinen Gedanken: «Hast du einen Vorschlag, in welches Haus wir zuerst gehen könnten?»
Troni meint: «Vielleicht versuchen wir es im Haus ‹F›. Firewall beginnt schließlich mit dem Buchstaben ‹F›.
«Gute Idee», stellt Boni fest und ruft im selben Moment: «Da vorn ist es!»
Drinnen im Haus sehen sich Troni und Boni unschlüssig um. Zum Glück kommt ein Elektron angehüpft: «Hups, was sucht ihr?»

Boni antwortet: «Wir möchten wissen, wo wir einen Firewall finden können.»
«Hups, für den Anfang seid ihr schon im richtigen Haus.» Troni und Boni sehen sich zufrieden an. «Fahrt mit dem Fahrstuhl in die Etage I und sucht dort das Zimmer R. Damit habt ihr die ersten drei Buchstaben von Firewall beachtet. Alles andere werdet ihr einfach finden. Ihr könnt euch nehmen, was ihr braucht.»
Troni und Boni finden den besagten Raum schnell. Darin stehen unzählige Regale. Sie sind mit Mappen gefüllt. Zum Glück ist alles nach dem Alphabet sortiert.
So entdecken sie die Rubrik «Firewall» bald. Troni zieht eine Mappe hervor. Darin erblickt es viele Blätter aus dickem Papier. Auf allen ist dasselbe zu lesen: «Firewall: www.virenschutz.ab». Troni steckt einen Zettel ein. Der erste Schritt ist getan. Immerhin wissen sie, wie die Stadt heißt, in der sie einen Firewall erhalten können.
Auf Glaswegen gelangen sie zur nächsten Matrix-Metropole. Hier wollen sie nach dem weiteren Weg fragen. Als sie sich im Hauptgebäude nach der Adresse: «www.virenschutz.ab» erkundigen, erläutert ihnen das Matrix-Elektron:
«Ich kann euch, bis auf ganz wenige Ausnahmen, den Weg nur zeigen, wenn ihr mir den Zahlencode nennt. Wusstet ihr das nicht?» Jetzt fällt es Troni und Boni wieder ein. Genau das hatte ihnen ein Elektron in der ersten Matrix-Metropole erzählt.
Das Elektron fährt fort: «Jeder Ort hat seine besondere Funktion. Für die Übersetzung einer Internet-Adresse in den dazu-

gehörigen Zahlencode gibt es eine extra Einrichtung. Das sind die weißen Türme.»
«Ach, und Matrix-Metropolen wie diese haben wohl die Aufgabe, Wegbeschreibungen für die einzelnen Städte bereitzuhalten?», vermutet Troni.
«Genauso ist es», bestätigt das Elektron. «Und im Unterschied zu den weißen Türmen gibt es sehr viele Matrix-Metropolen. — Doch jetzt will ich euch die Wegbeschreibung zu den weißen Türmen raussuchen.»
Das Elektron verschwindet im Nachbarraum und bringt kurz darauf einen Plan. Dieser zeigt ein Wirrwarr von Straßen mit Kreuzungen und Verzweigungen. Damit kennen sich Troni und Boni mittlerweile aus und wundern sich nicht mehr.

I
J
K
D
E
F

## TRONI IN GEFAHR

Bevor die zwei die Stadt des Wissens verlassen, kommen sie an einem merkwürdigen Gebäude vorbei. In seinen Fenstern flimmert es seltsam. Und Troni spürt erneut dieses Kribbeln. Vorsichtig steckt es den Kopf durch die Tür. Das Haus ist voll besetzt mit Elektronen. Der gelbe Nebel ist nicht zu sehen.
Troni will gerade umkehren, da bemerkt es, dass sich die Elektronen sehr eigenartig verhalten. Sie reden nicht und schauen gleichgültig drein. Verwundert bleibt Troni stehen. Gerade will Boni nach dem Rechten sehen, da entsteht plötzlich ein Wirbelwind.
Boni ist noch nicht ganz im Haus. Dadurch gelingt es ihm, sich mit aller Kraft am Türrahmen festzuhalten. Alle anderen Elektronen, auch Troni, kreiseln durch die Luft. Als Troni zur Ruhe kommt, sieht es die Welt durch einen Schleier. Es reibt sich die Augen und sieht um sich.
Wo ist Boni? Es kann den Kameraden nicht sehen. Troni bemerkt, dass es trotzdem nicht allein ist. Gelbe Elektronen laufen neben ihm apathisch im Gleichschritt. Ihnen scheint dieser Zustand nichts auszumachen. Sie schauen teilnahmslos drein. Troni spricht sie an. Sie reagieren nicht. Sein grüner Streifen kribbelt nun fast unerträglich.
Es schaut sich genauer um. Neben sich bemerkt es eine gelbe Hülle, die um alle Elektronen herum reicht. Plötzlich durchfährt es Troni: ‹Ich werde nicht etwa im gelben Virus-Nebel gelandet sein?›

Entsetzt stürmt Troni zur Seite, schlängelt sich an den marschierenden Elektronen vorbei zur Hülle, rennt dagegen. Diese beult sich aus, um dann wieder nach innen zu federn und Troni zu den anderen zu schleudern. Nicht einmal jetzt, da es vor ihre Füße stolpert, zeigen sie die geringste Regung. Troni versucht an einigen anderen Stellen auszubrechen. Das Ergebnis ist immer dasselbe. Es kann nicht hinaus.
Troni will sein Flitzbrett benutzen. Es dreht am Schalter hin und her. Das Brett rührt sich nicht von der Stelle. Da fällt ihm sein Ortungsgerät ein: ‹Ich muss Boni benachrichtigen.› Ein Blick auf das Gerät zeigt, dass es nicht funktioniert. Im Virus-Nebel ist es unbrauchbar geworden.
Währenddessen ist Boni dem Nebel nachgerannt und hat ihn nicht erreichen können. Nun ist Boni furchtbar aufgeregt. Bevor es weiter zu den weißen Türmen schwebt, sendet es ein Signal an Polli. Kurz darauf quietscht neben ihm ein Flitzbrett. Polli steht darauf und fragt außer Atem: «Was ist los?» Boni erzählt von Tronis Verschwinden.
Sie beratschlagen, was zu tun sei. Boni erklärt: «Ich will auf alle Fälle Troni suchen. Allerdings möchte ich auch auf dem Weg zum Firewall weiterkommen.» Boni überlegt, was es tun soll.
Da spricht Polli die Lösung aus: «Boni, es ist am besten, wenn du dich zu eurer nächsten Station begibst. Dabei kannst du gleichzeitig nach Troni Ausschau halten. Wir wissen ja nicht, wo der gelbe Nebel hin will. Du kannst ihn also überall im Internet treffen. Warum nicht auf dem Weg, den du ohnehin nehmen willst.»

Das ist die Lösung! Boni ist erleichtert. Polli fährt fort: «Ich suche mit meinen Polizisten natürlich ebenfalls nach Troni und dem gelben Nebel.»
Polli reicht Boni die Hand und sagt: «Viel Erfolg! Bis später! Wir hören über die Ortungsgeräte voneinander, wenn es Neues von Troni gibt, ja?»
Dann steht Boni allein da. Schweren Herzens macht es sich auf den Weg. Es durchquert einige Matrix-Metropolen. Dabei hält es ständig nach Troni Ausschau, kann jedoch keine Spur von ihm entdecken.

## TRONIS PLAN

Troni bewegt sich, vom Marsch der gelben Elektronen mitgerissen, in dem gelben Schleier über die Straßen des Internets. Es ist traurig und lässt sich dennoch nicht entmutigen. Aufgeregt zupft es mit den Fingern an seinem kribbelnden Streifen. Damit kann sich Troni von seiner Furcht ablenken und überlegt:

‹Offenbar bin ich das einzige Elektron, das sich hier frei bewegen und denken kann. Die anderen scheinen verzaubert zu sein. Und vermutlich sind sie nicht erst im Virus-Nebel verwandelt worden. Sonst wäre ich genauso benommen wie sie. Die Verzauberung ist sicherlich woanders geschehen, vielleicht dort, wo sie gestartet sind.›

‹Das ist erst einmal egal›, stellt Troni fest. ‹Wichtiger ist, wo wollen sie hin?› Diese Frage kann sich das kleine Elektron schnell beantworten: Natürlich zu einem Computer, der genauso zugerichtet werden soll wie Tronis Zuhause.

Es überlegt weiter: ‹Ich muss den Virus-Nebel zum Stehen bringen. Vielleicht bewegt er sich nicht mehr, wenn die Elektronen aufhören zu marschieren?›

Troni versucht sie aufzufordern, stehen zu bleiben. Weil es nicht mit ihnen sprechen kann, läuft es, die Arme wild schwenkend, durch die Reihen. Es wird von niemandem beachtet.

Auf einmal wird Troni zur Seite gerissen. Der Virus-Nebel ist auf einer Straßenkreuzung rechts abgebogen. Dabei kommt Troni ein Gedanke: ‹Woher wussten die Elektronen, dass sie

abbiegen sollten? Gibt es an der Spitze etwa einen Wegplan?› Um das zu erkunden, muss sich Troni nach vorn bewegen, denn unbemerkt ist es an das Ende des Virus-Nebels gerutscht.
Von dort hinten läuft Troni los. Plötzlich stutzt es. Ein Gegenstand schwebt vor ihm, ein blaues Schild. Mit gelber Schrift stehen die Ziffern drauf: 10.30.2.91. Solch eine Zahlenfolge kommt Troni bekannt vor: ‹Wo ist mir so etwas schon einmal begegnet?›
Troni erinnert sich: ‹Ja genau, so sieht ein Internet-Code aus. Was hat es mit dieser Adresse auf sich?› Vorerst will Troni nicht weiter darüber nachdenken. Es muss sich beeilen, damit es die marschierenden Elektronen überholen und an die Spitze des Virus-Nebels gelangen kann.
Ganz vorn sind keine Elektronen mehr. Dafür stößt Troni auf eine graue Tafel. Sie ist an einem dicken Stab befestigt und so groß wie ein Blatt Papier. Darauf steht ebenfalls ein Internet-Zahlencode. Plötzlich blinkt die Schrift in oranger Farbe, und der Virus-Nebel biegt links ab.
‹Sollte diese Tafel etwa den Weg weisen?›, grübelt Troni. ‹Das hieße, dieser Zahlencode führt zu dem Computer, in dem die nächste Verwüstung angerichtet werden soll.›
Troni beschließt: ‹Die Tafel an der Spitze muss weg. Auf diese Art lässt sich der Virus-Nebel vielleicht stoppen.›
Troni überlegt fieberhaft weiter: ‹Ich könnte die Tafel einfach wegnehmen. Der Virus würde vielleicht auf der Stelle stehen bleiben oder ziellos umherbrausen.›

Nein, Troni spürt, es gibt eine bessere Lösung. Da kommt ihm ein kühner Gedanke: ‹Vielleicht ist die Adresse am hinteren Ende des Virus-Nebels für den Rückweg gedacht? Kehrt der Nebel mithilfe dieses Schildes zum Schluss zu seinem Ausgangspunkt zurück?

Ja, so könnte es sein! Demnach könnte ich einfach die vordere mit der hinteren Platte tauschen. Dann würde der gelbe Nebel die Adresse, die für seine Rückkehr vorgesehen ist, als sein aktuelles Ziel ansehen und so vielleicht seine eigene Virus-Quelle verwüsten. Das wäre genial!›

Troni nimmt die vordere graue Tafel und rennt damit nach hinten. Dort nimmt es das blaue Schild und läuft abermals an die Spitze des Nebels.

Kaum sind beide Tafeln vertauscht, stockt der Virus-Nebel — und fliegt kurz danach weiter, als sei nichts geschehen. Troni ist erleichtert. Es scheint nichts Schlimmes zu passieren.

Plötzlich gibt es einen Ruck. Alle Elektronen, auch Troni, purzeln durcheinander, der Virus hat eine scharfe Kurve genommen! Im ersten Moment ist Troni erschrocken, dann fällt ihm ein: ‹Das ist ein gutes Zeichen! Der Virus-Nebel kehrt um.› Erschöpft bleibt Troni sitzen und lässt sich mitziehen.

10.30.2.91

## DIE WEISSEN TÜRME

Boni ist inzwischen an den weißen Türmen angelangt. Hier will es erfahren, wie der Zahlencode der Internet-Adresse «www. virenschutz.ab» lautet.

Von Troni hat es immer noch keine Spur entdeckt. Unterwegs hatte es den Kameraden vermisst. Ohne die gemeinsame Unterhaltung schien die Strecke endlos lang. Und die verzwickten Wegpläne ließen sich zu zweit ebenfalls besser entschlüsseln.

Boni sieht sich um, und bald stellt es das Außergewöhnliche der weißen Türme fest. Die Elektronen schweben hier nicht knapp über dem Boden. Nein, sie fliegen richtig, ganz von selbst und ohne Flitzbretter. Unzählige Elektronen schwirren in der Luft um die weißen Türme herum. Boni staunt, bleibt stehen und beobachtet interessiert das Geschehen.

Die Elektronen fliegen in verschiedenen Höhen. Boni bemerkt, dass die Elektronen, wenn sie in die Nähe der Türme geraten, manchmal verschwinden. Wo sind sie hin? Boni erkennt, dass die Türme Balkons haben. Auf denen landen die Elektronen. Das ist des Rätsels Lösung: Die Elektronen gelangen in die Türme nicht durch die Haustür, sondern über die Balkons. So können sie jeden Raum direkt ansteuern.

Wie soll Boni so hoch hinauf zu den Balkons kommen? Boni beschließt, genauso wie in der Stadt des Wissens vorzugehen. Es sucht zuerst den Turm V wie Virenschutz. Das ist nicht schwer, denn die Türme sind mit großen Buchstaben gekenn-

zeichnet. Am Ziel sieht es sich nach einem Klingelknopf um. Boni geht um den Turm herum. Tatsächlich entdeckt es einen dicken blauen Knopf.
Kaum hat es darauf gedrückt, kommt ein Elektron angeflogen:
«Huii, für welche Adresse suchst du den Zahlencode?»
«Wieso interessiert dich das?», erwidert Boni.
«Ich werde für dich in den Turm hineinfliegen und dir bringen, was du suchst», erklärt das Elektron.
«Das ist prima», antwortet Boni. «Ich möchte den Internetcode für ‹www.virenschutz.ab› wissen.»
Im Davonfliegen ruft das Elektron: «Huii, ich bin gleich wieder da.»
Boni sieht ihm nach, bis es auf einem Balkon in der 9. Etage verschwunden ist.
In der Tat kommt es nach einiger Zeit mit einem Zettel zurück. Boni liest den Adressen-Code: 192.168.58.20. «Das hat gut geklappt. Danke schön!», sagt es freudig. «Nun werden wir den Firewall finden.»

192.168.58.20

V

## DIE VIRUS-QUELLE

Währenddessen hat der gelbe Nebel sein vermeintliches Ziel erreicht. Tronis Plan ist aufgegangen, und der Virus-Nebel ist nicht zu der Stadt geflogen, die er verwüsten soll. Sondern er ist tatsächlich zu der Virus-Quelle gelangt, von wo aus er gestartet war. Das Vertauschen der beiden Schilder hat sich gelohnt.

Der Nebel fliegt mit Troni und den anderen Elektronen durch einen breiten Gang in die Stadt hinein. Durch den gelben Schleier sieht Troni, dass die Elektronen hier genauso gleichgültig wirken wie jene, die mit ihm im Virus-Nebel sind. ‹Ansonsten›, stellt Troni fest, ‹sieht es aus wie in einem normalen Computer, nur düsterer.›

Am Ziel, einem großen Haus, lässt der Virus-Nebel seine Elektronen fallen. Sie purzeln hin, rappeln sich sogleich wieder auf und beginnen, die Regale umzuwerfen. Die heruntergefallenen Ordner, Schachteln und Mappen öffnen sie. Es sind Zettel darin. Und diese schütten die Elektronen auf den Boden. Bald flattern überall Papierblätter umher. Weil Troni zuletzt freigelassen worden ist, landet es inmitten eines Berges von wüst herumliegenden Zetteln und Schachteln.

Direkt neben ihm liegt ein besonders dickes Paket. Gelbes Licht dringt aus seinem Inneren. Die Lichtstrahlen treffen auf Troni und zielen auch auf seinen Streifen am Bauch. Troni merkt, dass dieser nun fast unerträglich kribbelt. Blitzschnell reagiert Troni. Es reißt das Paket auf. Darin findet es eine gelbe, hell leuchtende Glühlampe. Beim näheren Hinsehen bemerkt Troni einen kleinen Hebel: ‹Wofür mag er gut sein? Hoffentlich schaltet er die blendenden Strahlen aus!› Troni zieht an dem Hebel.

Das gelbe Leuchten und ebenso Tronis Kribbeln hören auf! Plötzlich erstrahlt die Lampe abermals. Jetzt hat sie einen warmen, rötlichen Schein. Das Licht breitet sich aus, durchdringt das Haus und den gesamten Virus-Computer.

Und jene Elektronen, die in diese Beleuchtung geraten, verlieren ihre gelbe Farbe. Sie reiben sich die Augen und rufen durcheinander: «Wie sieht unser Festplattenhaus aus? Solch eine Unordnung! Was ist geschehen?»

Troni fragt erstaunt: «Das ist euer Computer?»

«Ja», bestätigen die Elektronen.

Troni denkt laut nach: «Dann hat euch wohl die gelbe Lampe zu Helfern des Virus-Nebels gemacht. Und das rote Licht hat euch zurückverwandelt!» Die Elektronen verstehen nicht, wovon Troni spricht.

So erzählt Troni vom gelben Nebel, wie es ihn überlistet hat und dass es das merkwürdige Paket mit der Lampe entdeckt hat. Während Troni berichtet, werden nach und nach alle Elektronen entzaubert. Dann wird das Licht rosa, bis es durchsichtig ist. Nirgendwo ist mehr ein gelber Schleier zu entdecken.

Troni kann es kaum fassen. Es hat den gelben Nebel besiegt! Alles hat so geklappt, wie es sich Troni im Voraus überlegt hatte. Vor Freude springt es in die Höhe und jubelt: «Der Nebel ist verschwunden!»

Die meisten Elektronen stehen immer noch ungläubig und verwirrt da. Sie blicken entsetzt auf das Chaos. Troni macht ihnen Mut: «Fangt an, aufzuräumen!» Dabei fällt ihm ein: ‹Dieses Haus ist genauso verwüstet wie damals unser Festplatten-Haus.› Die Situation erinnert Troni an seine eigentliche Aufgabe, den Firewall zu finden. Darum erklärt es, dass es nicht bleiben könne. Die entzauberten Elektronen lassen Troni zwar nur ungern gehen. Aber nachdem es seine Geschichte erzählt hat, sehen sie ein, dass Troni weitersausen muss. Sie bedanken sich bei Troni und winken ihm lange nach.

## DAS WIEDERSEHEN

Troni eilt zum Stadtausgang. Dabei stellt es fest, dass alle Virus-Elektronen wieder zu normalen Computer-Elektronen verwandelt worden sind.

Hinter der Stadtmauer erwartet Troni eine Überraschung. Dort stehen Boni und Polli. Boni eilt ihm entgegen und sagt aufgeregt: «Da bist du endlich! Ich wollte dir vorhin helfen und bin dem gelben Nebel nachgerannt und konnte ihn allerdings nicht erreichen. Was ist passiert?»

Troni erzählt stolz, was es erlebt und wie es den Virus-Nebel irregeführt und besiegt hat. «Das ist ja unglaublich!», staunt Polli. «Und deine Idee, wie du den Nebel zu seinem Ursprung gelotst hast, ist genial. Du bist spitze, Troni!»

Polli kann die gute Nachricht kaum fassen. «Du hast uns allen im Internet einen gewaltigen Dienst erwiesen. Jetzt wissen wir endlich, wie wir solche Virus-Nebel unschädlich machen können. Vielen Dank!»

Troni strahlt und ist sehr stolz.

Nun erzählt Boni: »Ich war in der Zwischenzeit bei den weißen Türmen. Dort habe ich den genauen Adressen-Code ausfindig gemacht. Ich weiß, wo wir den Firewall bekommen können. Vor allem habe ich bei den weißen Türmen bemerkt, dass dein Aufenthaltsort übermittelt wurde. Ich habe Polli Bescheid gesagt, und nun sind wir alle hier.»

Da schaltet sich Polli noch einmal ein: «Entschuldigt bitte, ich muss mich beeilen. Ich will sofort unserer Polizeigruppe berichten, wie wir einen Virus unschädlich machen können. Tschüss, bis später.»

Troni wird traurig und denkt: ‹Schade, ich bin so froh, das ich Boni und Polli wiedergefunden habe. Und nun muss Polli schon gehen.› Ehe sich Troni besinnen kann, trennen sich ihre Wege erneut.

Als Polli ihren Blicken entschwunden ist, schweben Troni und Boni geradeaus zur nächsten Matrix-Metropole. Im Hauptgebäude zeigen sie den von Boni erkundeten Adressen-Code und erhalten einen Plan für die weitere Strecke.

Damit sausen sie über die weit verzweigten Wege, bis sie an ihrem Ziel angelangen. In der Paket-Farm hoffen sie, den Firewall zu finden.

SPITZE!

## DIE PAKET-FARM

Troni und Boni erblicken zahlreiche flache, runde Häuser, von denen die Elektronen Pakete abholen. Die zwei sehen, dass die Elektronen, die hier beschäftigt sind, nicht mit Flitzbrettern schweben, sondern sich mithilfe von Fahrbrettern bewegen. Diese haben Räder und dadurch den Vorteil, dass sie mit mehr Gewicht beladen werden können als Flitzbretter. Denn die Elektronen der Paket-Farm müssen ständig große und kleine Kisten in die Regale der Lagerhäuser einsortieren.
Boni und Troni suchen das Gebäude mit der Nummer 168, weil das die zweite Zahl ihres Zahlencodes ist. Mit der ersten Zahl 192 ist die Farm gekennzeichnet.
Am Eingang des gesuchten Hauses werden Troni und Boni von einem einheimischen Elektron nach dem Code ihrer Internet-Adresse gefragt. Boni antwortet: «192.168.58.20».
«Aha», murmelt das Elektron vor sich hin. «Ähm, für mich ist nur die dritte Zahl entscheidend.»
Diese Zahl gibt es in zwei kleine Kästchen ein und klebt je eines davon an ihre Flitzbretter. «So», sagt das Elektron. «Ähm, nun finden eure Bretter den Weg selbst.»
Troni und Boni sausen los. Sie flitzen durch zahlreiche verschlungene Gänge, bis sie vor einem Raum anhalten. Troni und Boni rütteln an der Tür. Sie öffnet sich nicht.
Neben dem Türrahmen befindet sich an der Wand eine Tastatur mit der Aufschrift: «Gib die dritte Adressen-Zahl ein.» Boni tippt «58» ein.

Hinter dem verschlossenen Eingang beginnt ein Rattern und Knattern. Troni und Boni blicken gebannt auf die Tür. Endlich öffnet sie sich. Aufgeregt treten sie ein und erblicken wiederum viele Reihen mit Regalen. Darin stehen zahlreiche Päckchen und Pakete. Sie sind entsprechend der letzten Zahl der Adresse nummeriert.
Die zwei kleinen Elektronen schlängeln sich die Gänge zwischen den Regalen entlang, und Troni findet die gesuchte Stelle. Auf einem Karton steht die Nummer 20 drauf. Das muss es sein.
Vorsichtig zieht Troni das kleine Paket heraus. Bedächtig dreht es seinen Fund hin und her, betrachtet ihn von allen Seiten. Das Päckchen ist schmal und rechteckig. In sorgfältiger Schrift ist darauf «Firewall» geschrieben.
«Boni, hier ist es!», ruft Troni laut. Geschwind kommt Boni hinzugeeilt. Troni reicht ihm seinen Fund.
«Das ist ja leicht», stellt Boni verwundert fest.
«Ich finde das prima», antwortet Troni. «So können wir es gut auf dem Flitzbrett nach Hause schaffen.»
«Trotzdem», fährt Boni ungläubig fort: «Das soll alles sein?» Es lugt an der Stelle, wo nun eine Lücke entstanden ist, ins Regal.
«Dort hinten steht noch was», ruft Boni aufgeregt — und reckt und streckt sich, langt geradeso an das zweite Päckchen heran und zieht es hervor: «Da steht ebenfalls eine 20 drauf. Das gehört bestimmt dazu.»
Glücklich betrachten Troni und Boni ihre zwei Pakete, blicken sich an und fallen sich vor Freude in die Arme. Hopsend dre-

hen sie sich gemeinsam im Kreis und jubeln: «Wir haben den Firewall gefunden, wir haben ihn gefunden!»
Bis Troni feierlich sagt: «Und jetzt geht's nach Hause!»
Boni fügt hinzu: «Alle werden staunen.»
Jedes legt ein Päckchen flach auf sein Flitzbrett. Vorsichtig schweben sie los. Von den Steuerkästchen werden sie zum Ausgang geführt. Das Einlass-Elektron nimmt seine Kästen an sich, und glücklich verlassen die beiden das Haus und die Paket-Farm.

JUCHHUU!

20

20

## DAS GESCHENK

Troni und Boni schweben weiter zur nächsten Matrix-Metropole. Sie suchen die Stadt, die ihre erste Station im Internet war. Dazu benötigen sie den Zahlencode. Troni entsinnt sich: «Den hatte uns das Matrix-Elektron am Anfang aufgeschrieben. Wo ist nur der Zettel? Hast du ihn, Boni?»
«Natürlich», antwortet Boni und holt das gesuchte Papier hervor. «Hier unten steht der Code.»
In der Matrix-Metropole fragen sie nach dieser Adresse. Erleichtert nehmen sie eine Zeichnung entgegen, die den Anfang des Rückwegs zeigt. Nun hält sie nichts mehr. Mit den Firewall-Paketen eilen sie auf ihren Flitzbrettern durch die Wirren des Internets ihrer Heimatstadt entgegen. Vor Ungeduld erscheinen ihnen ihre Flitzbretter auf einmal sehr langsam, und die Straßen wirken unendlich lang.
Erwartungsvoll halten sie nach bekannten Orten Ausschau. Sie sausen durch zahlreiche Matrix-Metropolen. In der Ferne sehen sie die weißen Türme schimmern. Danach kommen sie an der Stadt des Wissens vorbei. Und endlich gelangen sie zu der ihnen bekannten Matrix-Metropole, wo damals ihre Abenteuer begannen.
Plötzlich glaubt Troni seinen Augen kaum zu trauen. Es wäre zu schön, um wahr zu sein, und trotzdem denkt es: ‹Ist dort nicht Polli?›
Als sie näher kommen, erkennen sie tatsächlich das vertraute Polizei-Elektron. Troni winkt Polli freudig zu. Polli hält die Hän-

de hinterm Rücken verborgen und blickt ihnen vergnügt entgegen. Als Troni und Boni vor ihm stehen, wartet es bedeutungsvoll einen Moment. Dann holt es hinter seinem Rücken zwei blinkende, schwungvoll geformte Flitzbretter hervor:
«Als Dankeschön schenke ich dir, Troni, ein funkelnagelneues, superschnelles Polizei-Flitzbrett. Und auch du, Boni, erhältst ein neues Brett.»
Troni und Boni sind begeistert. Troni fällt plötzlich das Modell «Flitzpiepe» ein, von dem anfangs manchmal die Rede war. Über den vielen Aufregungen hatte es das ganz vergessen.
«Ist das etwa der neue Typ ‹Flitzpiepe›?», erkundigt es sich.
«Genau, das ist es!», antwortet Polli stolz und fährt fort: «Das Besondere an diesen Flitzbrettern ist, dass verschiedene Geschwindigkeiten eingestellt werden können. Außerdem gibt es das Modell ‹Flitzpiepe› in zwei Ausführungen. Troni, du erhältst das Kristallmodell mit einer zusätzlichen Geschwindigkeitsstufe, und Boni, du bekommst die Silberausfertigung.»
Troni und Boni nehmen freudig ihre neuen ‹Flitzpiepen› entgegen. Troni sieht zu Boni. Wird es neidisch sein? Aber Boni kommt ihm entgegen und fragt unbefangen: «Lässt du mich zu Hause mal dein neues Brett ausprobieren?»
«Klar kannst du das», antwortet Troni erleichtert.
Nun gilt es wirklich Abschied zu nehmen von Polli. Troni schluckt. Polli tröstet: «Bestimmt begegnen wir uns noch einmal im Internet. Ihr habt schließlich die Ortungsgeräte.»
«Ja, das ist wahr», stimmt Troni erleichtert zu. Nun spürt es die Freude auf zu Hause.

Troni und Boni nehmen ihr altes Flitzbrett in die Hand und stellen sich vorsichtig mit den Firewall-Päckchen auf ihr neues. Sie schalten eine hohe Geschwindigkeit ein und sausen los. Fast wären sie von ihren Brettern gefallen, so schnell sind sie. Am Eingang der Grenzstadt geben sie die auf dem Hinweg geliehenen Bretter ab und erhalten eine Wegskizze. Damit flitzen sie erst durch das Labyrinth und danach durch die Grenzstadt.

2x
OOH!

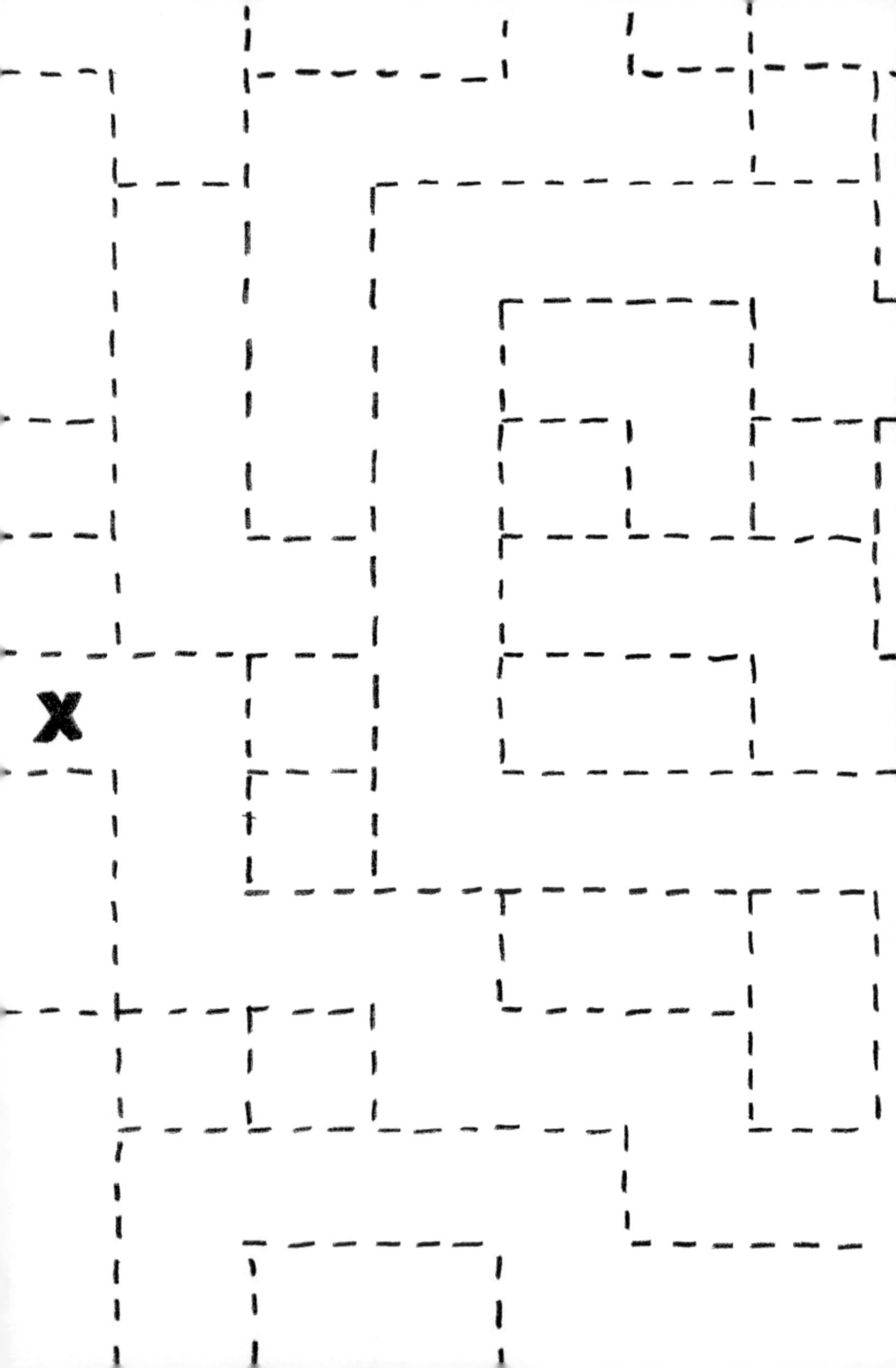
x

2
1
3
4
5

## DIE RÜCKKEHR

Schließlich erblicken sie in der Ferne ihre heimatliche Computer-Stadt. Als sie vor der Stadtmauer stehen, bemerken sie, dass hier ein ähnliches Gerät angebracht ist wie am Anfang des Ganges im neuen Haus. Die Tastatur fehlt zwar, aber einen Schlitz für eine Chipkarte gibt es ebenso.
Da fällt Troni die Zauber-Chipkarte ein, die Striezi gefunden und ihnen gegeben hatte. Troni steckt sie in den Schlitz, und tatsächlich öffnet sich ein Tor und sie können in den Gang hineingehen. So gelangen sie in das neue Eingangs-Haus. Endlich sind Troni und Boni daheim angekommen!
In dem Moment, als sie aus dem silbern glänzenden Haus treten, kommt ihnen ein Elektron entgegengelaufen. Es ist Mukki. «Da seid ihr ja! Und habt sogar etwas mitgebracht», ruft es erfreut und fährt sogleich fort: «Tolle Flitzbretter habt ihr! Erzählt, wie war es?»
Auf einmal ertönt von hinten eine weitere Stimme. Troni und Boni drehen sich um und erblicken Striezi. Das Lehrer-Elektron sagt: «Schön, dass ihr zurück seid. Habt ihr im Internet gefunden, wonach ihr gesucht habt?» — «Na klar!» Stolz zeigen Troni und Boni ihre Päckchen mit dem Firewall.
«Das ist prima. Wir werden die Neuigkeit sofort ausrufen lassen. Kommt mit ins Stadtzentrum. Dort könnt ihr allen berichten und eure Pakete zeigen.»
Troni und Boni gehen mit Mukki zu dem großen Platz in der Mitte der Stadt. Mukki berichtet, dass die Elektronen in mühe-

voller Arbeit die Festplatte aufgeräumt haben und der Computer wieder funktioniert. «Das wird nun immer so bleiben», sagt Troni feierlich. Boni weist auf die zwei Päckchen und ergänzt: «Dank unseres Firewalls.»

Derweil strömen aus den Betrieben viele Elektronen ins Stadtzentrum. Eilends wird ein kleines Podest errichtet, von dem Troni und Boni abwechselnd von ihren Abenteuern erzählen können. Troni erzählt ausführlich, wie es den gelben Nebel überlistet hat.

Zum Schluss hält jedes von ihnen eines der Päckchen hoch, um den erfolgreichen Abschluss ihrer Reise zu zeigen. Die Elektronen staunen, wie tüchtig Troni und Boni waren, und dass Troni sogar ein gelbes Nebelungeheuer besiegt hat. Die zwei sind glücklich wie nie zuvor.

Abschließend ergreift Striezi das Wort: «Ihr wart spitze! Wir sind sehr froh, dass ihr einen Schutz für unseren Computer mitgebracht habt. Gleich wollen wir das Gerät einbauen.»

Alle Elektronen ziehen feierlich zum neuen Eingangshaus, wo Troni und Boni die abenteuerlich erworbenen Pakete auspacken. Erwartungsvoll blicken die Elektronen zu den beiden.

In Tronis Päckchen liegt obenauf ein geschlossener Umschlag. Striezi öffnet ihn und liest bedächtig vor: «M-I-E-H-E-G-3-7».

Ein Elektron ruft. «Was soll das bedeuten?»

Troni und Boni blicken sich kurz an, und Troni sagt: «Das ist das Passwort, das künftig jedes Elektron verwenden muss, um in unsere Computer-Stadt gelangen zu können.»

Noch einmal wiederholt Striezi langsam: «M-I-E-H-E-G-3-7».

Alle sprechen das Erkennungswort vor sich hin. Ein allgemeines Murmeln ist zu hören. «Vergesst das Passwort nicht!», mahnt Striezi. «Und vor allem sagt es nicht weiter, denn es ist unser Geheimnis.»
Derweil hat Boni aus seinem Paket einen grauen Kasten hervorgeholt. Das Auffallende an ihm ist ein Stecker an der Seitenwand. Außerdem liegt ein Faltblatt dabei. ‹Was wird wohl hier drauf stehen?›, fragen sich die Elektronen. Boni liest vor: «Gebrauchsanweisung». Es faltet das Papier auseinander und ein Bild wird sichtbar. Darauf ist zu erkennen, wie der graue Kasten mit einem anderen Gerät verbunden wird.
«Ich habe den zweiten Apparat», ruft Troni. «Er war in meinem Päckchen.» Troni und Boni stecken die Geräte vorsichtig zusammen. Sie erstrahlen kurz in rotem Licht. «Es hat geklappt», ruft Troni begeistert.
Troni, Boni, Mukki und Striezi dürfen den Firewall am Eingangshaus anbringen. Dazu öffnen sie zuerst mit der Zauber-Chipkarte den Gang. Dann gehen sie bis an sein Ende, dorthin, wo die Straße beginnt. An dieser Stelle bringen sie an der Stadtmauer von außen den Firewall an.
Als erstes Elektron darf ihn Troni ausprobieren. Zunächst benutzt Troni die Chipkarte, die der gelbe Nebel damals verloren hatte. Daraufhin ertönt die Aufforderung: «Wie heißt das Passwort?» Troni antwortet: «M-I-E-H-E-G-3-7». Und erst als es zu Ende gesprochen hat, öffnet sich das Tor zum Gang!
Alle freuen sich: «Es hat funktioniert!», jubeln Troni, Boni, Striezi und Mukki. Danach testen die anderen drei den Firewall

ebenfalls und nach ihnen viele andere Elektronen aus der Computer-Stadt. Niemand will es versäumen, die Neuerung zu erproben.

Troni und Boni, die zwei kleinen Elektronen, sind die großen Helden der Stadt. Nun kann die Eingangstür nur mithilfe des Codewortes geöffnet werden — und das kennt kein gelber Nebel.

20

20

# ERKLÄRUNG DER VERWENDETEN BEGRIFFE

Elektron — Elektron

Ein Computer funktioniert mit elektrischem Strom. Dieser besteht aus unendlich vielen kleinen Teilchen, den Elektronen. Sie sind so winzig, dass man sie mit dem bloßen Auge nicht erkennen kann.

Aus dem Alltag — Sehr, sehr kleine Kügelchen, die durch einen Draht wandern können.

Festplatte Festplatte

Eine Festplatte besteht aus einer oder mehreren Magnetscheiben. Auf ihnen können die verschiedensten Daten (Spiele, Videos, Musik, Bilder, Rechenergebnisse, Geschichten) im Computer für viele Jahre gespeichert werden.

Aus dem Alltag Eine kleine Bibliothek

Firewall Firewall

Dieses englische Wort wird ausgesprochen: ‹Feierworl›. Hierbei handelt es sich um ein Gerät oder ein Programm, das aufpasst, dass kein Virus in den Computer hineinkommen kann.

Aus dem Alltag Ein Firewall hat die gleichen Aufgaben wie ein Pförtner.

gelber Nebel Computervirus

Das ist ein Computerprogramm, das sich über andere Nachrichten in einen Computer einschleicht. Dort angekommen, spioniert es meist aus, was auf der Festplatte gespeichert ist oder bringt alle Daten durcheinander.

Aus dem Alltag Einbrecher, Räuber oder Spion

Internet — Internet

Über das Internet sind ganz viele Computer auf der gesamten Welt miteinander verbunden. Von jedem Computer, der an das Internet angeschlossen ist, können die verschiedensten Informationen abgefragt werden.

Aus dem Alltag — Ein Einkaufsnetz oder ein Fischernetz. Die Knoten sind die ‹Matrix-Städte›. Am Rand des Netzes befinden sich die Computer.

Labyrinth — Netzknoten eines Fernmeldenetzes

Damit der Computer sich von zu Hause in das Internet einwählen kann, ist ein riesengroßer, besonderer Computer notwendig. Diese Computer gibt es in den größeren Städten unseres Landes. Dorthin führt meistens von jeder Wohnung ein dicker Draht.

Aus dem Alltag — Ein Labyrinth, für das es eine Wegbeschreibung gibt.

Matrix-Metropole Router

Solch ein Gerät kennt sich im Internet aus und weiß, welche Computer in seiner Nähe sind. Die benachbarten Router tauschen ständig die Neuigkeiten im Internet aus, z.B. ob es einen neuen Computer oder Router in ihrer Nähe gibt.

Aus dem Alltag Die Router sind wie Verkehrsschilder auf den Autostraßen.

neues Haus (DSL-)Modem / ISDN-Karte

Hierbei handelt es sich um einen Teil des Computers oder ein extra Gerät. Es wandelt die Daten des Computers um, sodass sie über eine weite Strecke transportiert werden können.

Aus dem Alltag Die Aufgabe des Modems lässt sich damit vergleichen, dass man ein Paket packt und es zur Post bringt.

Paket-Farm Server

Ein Server ist ein Computer, der darauf spezialisiert ist, sehr viele Informationen zu speichern.

Aus dem Alltag Eine große Bibliothek

Prozessor Prozessor

Der Prozessor ist das klügste Teil im Computer. Er berechnet, steuert und kontrolliert alles, was im Computer geschieht.

Aus dem Alltag Taschenrechner

Speicher Arbeitsspeicher

Das ist der Teil des Computers, in dem die Rechenergbnisse und andere Daten zwischendurch abgelegt werden. Werden sie gebraucht, kann der Prozessor sie von dort aufrufen und weiterverarbeiten.

Aus dem Alltag Ein Rechen- oder Schreibheft, in das mit Bleistift geschrieben wird und somit auch radiert werden kann.

Stadt des Wissens Suchmaschine

Die Suchmaschine ist ein Programm (und keine Maschine), mit dessen Hilfe man im Internet gesuchte Infomationen finden kann. Man gibt an, worüber man etwas erfahren möchte. Auf dem Bildschirm werden dann Hinweise auf Seiten im Internet angezeigt, wo etwas zu diesem Thema steht.

Aus dem Alltag Inhaltsverzeichnis eines Buches

Virus-Quelle — Viren versendender Computer
Das ist der Computer, von dem aus ein Virusprogramm ins Internet geschickt wird.

Aus dem Alltag — Ein Mensch, der einen anderen zu einem Einbruch anstiftet.

weiße Türme — Domain Name System
Dieser Computer verwaltet die Namen der Internetadressen. Hier erfolgt die Umrechnung der Internetadresse von Buchstaben in Zahlen (und umgekehrt: von Zahlen in Buchstaben).

Aus dem Alltag — Ein Telefonbuch, wo die Namen der Menschen den Telefonnummern zugeordnet werden. Im Internet müssen sich die Menschen darum nicht selbst kümmern, die ‹weißen Türme› erledigen es für sie.

zur Erklärung dieses Anhanges — Programm
Ein besonderer Text, womit dem Computer gesagt wird, was er tun soll.

Aus dem Alltag — Einkaufszettel, Bastelanleitung, Brief

MIST!

Kirsten Dorn wurde 1964 geboren. Sie studierte Informationstechnik und arbeitet in der Telekommunikationsbranche. – Mit diesem Buch verbindet sie berufliche Kenntnisse mit ihrem Interesse fürs Schreiben. – Ihre schriftstellerischen Fähigkeiten entwickelte sie in einer Schreibwerkstatt. – Kirsten Dorn lebt mit Mann und zwei Kindern in Leipzig.

Katja Schwalenberg wurde 1975 geboren. Sie studierte Typografie und Illustration an der Hochschule für Grafik und Buchkunst Leipzig. – Mit ihrer Meisterschülerarbeit ‹frau wow› erhielt sie 2004 und 2005 mehrere internationale Preise. – Katja Schwalenberg lebt und arbeitet als freie Illustratorin + Grafikerin in Leipzig und Berlin.

www.schichten-ordnen.de

Herstellung und Verlag: Books on Demand GmbH, Norderstedt
Gestaltung und Illustration: Katja Schwalenberg
ISBN: 3-8334-4415-0 

Bibliografische Information Der Deutschen Bibliothek: Die Deutsch Bibliothek verzeichnet diese Publikation in der Deutschen Nationalbibliografie; detallierte bibliografische Daten sind im Internet über http://dnb.ddb.de abrufbar.